MW00824666

Golden Chinese: A Golden Key for Entry

Conversational Mandarin for Beginner-Intermediate

JANIE CHIEN GOLDEN

Book cover design by Karen Phillips

Copyright © 2014 Janie Chien Golden

All rights reserved.

ISBN: 0615711715
ISBN-13: 978-0615711713

DEDICATION

This book is dedicated to my great grandfather, Xie, Wu-liang for his immortal spirit in contributing the brilliant Chinese cultural legacy to us.

*To my parents, John and Alice,
your unconditional love and amazing spirits have made me into the person that I am today.*

*To my husband, Michael, my love and my best friend,
your positive spirit and artistic cultivation have always been leading me to go forward in life.*

To all my friends and students, your genuine friendship, sincere support and diligence in learning Chinese are inspiring me every day!

CONTENTS

Introduction to Pinyin and Four Tones   1

Lesson 1 Hello! How Are You?   7

1. Text
2. Vocabulary
3. Notes
4. Pronunciation
5. Grammar: Chinese Sentence Structure, Verb to Be, Question Particles and Possessive Word
6. Exercises
7. Answers
8. To Share with You

Lesson 2 Introductions to Each Other   25

1. Text
2. Vocabulary
3. Notes
4. Pronunciation
5. Grammar: Affirmative Answer and Negative Answer
6. Exercises
7. Answers
8. To Share with You

Lesson 3 Time: What Time Is It?   40

1. Text
2. Vocabulary
3. Notes
4. Pronunciation
5. Grammar: Suggestive Particle, Time Expressions and Supplementary Section of Time Expressions
6. Exercises
7. Answers
8. To Share with You

Lesson 4 Travel   59

1. Text
2. Vocabulary
3. Notes
4. Pronunciation
5. Grammar: The Usages of "Le", The Usages of "Jǐ" and Measure Word "Gè"
6. Exercises
7. Answers
8. To Share with You

Lesson 5 Going to a Restaurant   81

1. Text
2. Vocabulary
3. Notes
4. Pronunciation
5. Grammar: Continued Study with Measure Words and Examples in Using the Particular Measure Words
6. Exercises
7. Answers
8. To Share with You

Lesson 6 Visiting A Friend   104

1. Text
2. Vocabulary
3. Notes
4. Pronunciation
5. Grammar: Adjectives and Forms of Adjective Sentences, Examples of the Usages
6. Exercises
7. Answers
8. To Share with You

Lesson 7 Shopping   126

1. Text
2. Vocabulary
3. Notes
4. Pronunciation
5. Grammar: Verb to Have "Yǒu", Do Not Have "Méi Yǒu", The
   Simple Way and The Detailed Way of Answers
6. Exercises
7. Answers
8. To Share with You

Lesson 8 Seeing the Doctor   146

1. Text
2. Vocabulary
3. Notes
4. Pronunciation
5. Grammar: Continued Study with "Le":
   Yào + Le = Future Tense, Examples of Future Tense
6. Exercises
7. Answers
8. To Share with You

Lesson 9 Making a Telephone Call   164

1. Text
2. Vocabulary
3. Notes
4. Pronunciation
5. Grammar: Chinese Idioms and
   Examples
6. Exercises
7. Answers
8. To Share with You

Lesson 10 At the Bank   184

1. Text
2. Vocabulary
3. Notes
4. Pronunciation
5. Grammar: Optative Verbs and
   Ordinal Numbers
6. Exercises
7. Answers
8. To Share with You

Lesson 11 Asking for Directions   204

1. Text
2. Vocabulary
3. Notes
4. Pronunciation
5. Grammar: Affirmative-Negative Questions and
   Examples
6. Exercises
7. Answers
8. To Share with You

Lesson 12 Talking About Business   224

1. Text
2. Vocabulary
3. Notes
4. Pronunciation
5. Grammar: Continued Study with Future Tense and
   Examples
6. Exercises
7. Answers
8. To Share with You

Glossary: Chinese-English   241

INTRODUCTION

"Golden Chinese: A Golden Key for Entry" is an intensive study in Chinese Mandarin with practical and interesting anecdotes in conversations. It contains simple and clear grammatical explanations, step-by-step exercises with answers; moreover, it provides unique cultural and historical introduction in each lesson.

This book is for complete beginners and for those who have learned the language years before wanting to have a good review of basic Chinese and move up to intermediate level smoothly. It will guide you to grasp the language quickly by using both the textbook and the audio CDs (CD1, CD2 and CD3 are available at the online bookstores).

The layout of each text (every line) has combined 3 things: Pinyin with tone marks (Alphabet), Hanzi (Simplified Chinese characters) and English translation. It leads you to focus on today's Spoken Chinese since 80% of everyday communication is through speaking.

This book is specially written for the English speaking students and the non-Chinese/Mandarin-speakers. I hope you have a happy journey in learning Chinese!

Instructor: Janie Chien Golden

May 23, 2014   Los Angeles, California, U.S.A.

Introduction to Pinyin and Four Tones

Pīn Yīn 拼音 is a way to use the Roman alphabet to represent the pronunciation of Chinese characters (Hàn zì 汉字). It is a key tool in learning Chinese/Mandarin/Hànyǔ 汉语/Zhōngwén 中文. Nowadays, there are several methods in learning **Pīn Yīn**. Here, I will guide you to study it through <u>a shortcut by Janie's way</u>.

Pīn Yīn 拼音 has **23 initials (consonants)**, and **6 finals (6 basic vowels).** Each Chinese character has one syllable that contains 2 parts: **Initial + Final**

Example: **mā 妈 – mom**

Initials

b	**p**	**m**	**f**
d	**t**	**n**	**l**
g	**k**	**h**	
j	**q**	**x**	
z	**c**	**s**	
zh	**ch**	**sh**	**r**
y	**w**		

<u>**Note:**</u>   **"Y" and "W" are used as "i" and "u" if they appear at the beginning of a syllable as "yī"(one) and "wǔ " (five) according to the rule.**

Finals (Vowels)

a	**o**	**e**	**i**	**u**	**ü**

Compound Finals & Frequent Used Pinyin Combinations
Fù Hé Yùn Mǔ hé Cháng Yòng Pīn Yīn Zǔ Hé
复 合 韵 母 和 常 用 拼 音 组 合

The finals with 2 or more vowels and 3 or more Pinyin letters formed together are called **Compound Finals**. This is <u>your blueprint</u> in guiding you to grasp the key Pinyin combinations.

"uei"

ai   ei   ui   ie   üe   er

"iou"

ao   ou   iu   an   en   in

ün   ang   eng   ing   ong   uan

zi   ci   si   zhi   chi   shi

yi   wu   yü   ye   yüe   yin

yün   yüan   ying   uang

Four Tones
Sì Shēng
四　声

Chinese Mandarin is like a musical language that has tones with rhythms. It has **four tones: 1st, 2nd, 3rd, and 4th.** The four tones are just like the music notes in Chinese language that make each sound level very distinguishable and expressive.

There are **four tone marks** to represent the 1st, 2nd, 3rd, and 4th tones as shown below.

1st tone: steady and long (imagine you are singing a whole note – to prolong it) **mā - mom** **妈**	2nd tone: rising – to glide up (imagine you are singing a sharp note – to rise this tone) **má – numb** **麻**
3rd tone: from mid high to low, then from low to high (feel that winding sound) **mǎ – horse** **马**	4th tone: falling and short (as you say "No" in English) **mà – scold** **骂**

Neutral Tone (Soft Tone)
Qīng Shēng
轻 声

Neutral Tone is simply short and soft with no accent (no tone mark). Its sound relies on natural extension of the preceding tone; a **Neutral Tone** is also used at the end of a question as shown with underlines.

Mā ma Mom   **Bà ba** Dad
妈 妈   爸 爸

Nǐ hǎo ma ?   **How are you?**
你 好 吗?

Nǐ ne ? And you? How about you?
你 呢?

Xiè xie.   **Thank you.**
谢 谢。

Bú kè qi.   **You are welcome.**
不 客 气。

Rules of Pinyin
Pīn Yīn Guī Zé
拼 音 规 则

Each Chinese character has one syllable which contains two parts:
Initial + Final

hǎo 好 good

The **tone mark** should be placed over a final (vowel). When there is a compound final after the initial, the tone mark should be placed over the main vowel in the order as: **a, o, e, i, u, ü**.

jiào 叫 call, to be called

When "**ü**" appears after **j, q, x, y,** the umlaut (2 dots) will be omitted.

jú 桔 tangerine   qù 去 go to   xū 需 need   yǔ 雨 rain

When the two vowels "**u**" and "**i**" are together, the tone mark should be placed over the latter one.

shuǐ 水 water   guì 贵 expensive   liǔ 柳 willow

If there are no initials before **i, u,** and **ü,** they should be written as below:

yī 一 one   wǔ 五 five   yú 鱼 fish

Some syllables may be appeared without an initial. For instance:

ài 爱 love   ān 安 safety   è 饿 hungry

As you know, it is very crucial to practice Pinyin with four tones. Especially, you have to distinguish four tones because these tones represent different Chinese characters (Hàn zì 汉字) with different meanings. For instance, "Mā ma 妈妈" is Mom (ma with 1st tone). If one pronounces it as "mǎ ma 马马" is horse (ma with 3rd tone), therefore, one is calling his/her Mom a horse (it is embarrassing).

Moreover, Chinese Mandarin is the "Latin of Asia" – this is the most beautiful language among Asian countries. It is a language of music; it is a language of poetry. It is filled with a variety of intonations that opens one's imagination and creation when one speaks it. As a beginner, you may feel that you "sing" all the time when you speak it. If you feel that way, I will say: "Great! Congratulations! You are going to the right path in learning this beautiful language – Chinese Mandarin. Be brave and be persistent!"

In addition, please remember to set up a good and workable study habit. First, you look into the Pinyin to figure out the basic pronunciation. Second, you look into the tone mark for each word in order to pronounce it correctly. For example:

Wǒ ài nǐ   我爱你   I love you

Step 1: the basic Pinyin   **Wo   ai   ni**

Step 2: the exact tones   **Wǒ   ài   nǐ** 3rd tone, 4th tone, 3rd tone

Well, if you want to have a nice pronunciation of Chinese Mandarin, it really depends on you to practice Pinyin and four tones well. I strongly believe that practice makes you perfect!

Lesson 1   Hello!   How Are You?
Dì Yī Kè   Nǐ Hǎo!   Nǐ Hǎo ma ?
第 1 课   你 好!   你 好 吗?

David Benson lives in Los Angeles, California. He goes to the local library every Saturday. He is greeting Miss Lin....

1.   Kè wén Text
课 文

Dà wèi: <u>Nǐ hǎo!</u>   Wǒ shì Dà wèi.
大 卫   <u>你 好</u>!   我 是 大 卫。
              <u>Hello!</u>   I am David.

Mǎ lì: Nǐ hǎo!   Wǒ <u>shì</u> Mǎ lì.
玛 丽   你 好!   我 <u>是</u> 玛 丽。
              Hello!   I <u>am</u> Mary.

Dà wèi: Nǐ hǎo ma ?
大 卫   你 好 吗?
              How are you?

Mǎ lì: Wǒ <u>hěn hǎo.</u>   <u>Nǐ ne</u> ?
玛 丽   我 <u>很 好</u>。   <u>你 呢</u>?
              I am <u>very good.</u>   <u>And you</u>?

Dà wèi: Wǒ <u>yě</u> hěn hǎo.   <u>Xiè xie.</u>
大 卫   我 <u>也</u> 很 好。   <u>谢 谢</u>。
              I am <u>also</u> very good.   <u>Thank you.</u>

Mary tries to remind David to take his book from the table before he leaves the library.

Mǎ lì:	Nǐ de shū…..
玛 丽	你 的 书 …..
	Your book….

Dà wèi:	Xiè xie.
大 卫	谢 谢。
	Thank you.

Mǎ lì:	Bú kè qi.	Zài jiàn!
玛 丽	不 客 气。	再 见!
	You are welcome.	Good-bye!

Dà wèi:	Zài jiàn!
大 卫	再 见!
	Good-bye!

2.   Shēng cí Vocabulary
生 词

1)	nǐ	你	you (singular)
2)	nǐ men	你们	you (plural)
3)	wǒ	我	I, me
4)	wǒ men	我们	we, us
5)	tā	他/她/它	he, him/ she, her/ it
6)	hǎo	好	good, nice, well, fine, okay

7)	ma ?	吗？	"ma" is used as a question particle
8)	hěn	很	very
9)	ne ?	呢？	"ne" is used at the end of a question as a particle
10)	hěn hǎo	很好	very good, very well
11)	yě	也	also, too
12)	Dà wèi	大卫	David
13)	Mǎ lì	玛丽	Mary
14)	nǐ de	你的	your, yours (singular)
15)	wǒ de	我的	my, mine
16)	shū	书	book
17)	Xiè xie	谢谢	Thank you (Thanks)
18)	bù (bú)	不	no, do not (don't)
19)	Bú kè qi	不客气	You are welcome (Don't mention it)
20)	zhèi (zhè)	这	this
21)	shì	是	yes, verb to be (am, are, is, was, were)
22)	nín	您	you – the respectful you (singular)

23) nín de　　您的　　your, yours – the respectful your (singular)

24) nín men　　您们　　you – the respectful you (plural)

25) zài jiàn　　再见　　good-bye

3.　　　　　　　　**Zhù jiě　Notes**
　　　　　　　　　　　注 解

1) "Nǐ hǎo" 你好 "Hello/Hi" is a common greeting in Chinese. It can be used in any social settings and any time of the day. Moreover, "Nǐ mcn hǎo" 你们好 "Hello all of you" is for 2 or more people.

2) "Nǐ hǎo ma?" 你好吗？ "How are you?"- is also a common greeting among Chinese people (especially, if they have not seen each other for a long time). When they see each other, they often say: "Nǐ hǎo ma?" 你好吗？ "How are you?"

3) "Nǐ ne?" 你呢？ This phrase/sentence means "And you?" and "How about you?" or "What about you?" This phrase is used in everyday conversations. This is specifically used in asking for one's opinions, thoughts, feelings and plans.

4) "Nín hǎo" 您好 "Hello", here "Nín" 您 "you" is the respectful "you - singular". It is used for job interviews, business meetings and greetings to the elderly people in China, especially in Beijing and northern China. When one has one's first business meeting with someone, please remember to use "Nín" 您 for "Nín hǎo" 您好 "Hello". This is an important etiquette and it should be implemented in one's business and daily communication.

5) You have two choices in pronouncing "this" in Chinese: "zhèi" 这 and "zhè" 这. However, I would like you to pronounce "zhèi" 这 for "this". This unique pronunciation is very close to "Jay", a person's first name in English. Therefore, it is easier for you to pronounce and remember it.

4. Pīn yīn hé Sì shēng   Pronunciation
拼 音 和 四 声

As you know, each Chinese character (Hàn zì) 汉字 has one syllable that contains two parts: **initial**(s) and **final**(s) which are usually called **consonant**(s) and **vowel**(s) in European language systems. Moreover, Chinese/Mandarin is like a musical language that has four tones with rhythms.

From now on, I will provide the exercises of Pinyin and four tones (with Chinese characters) for you to practice in each lesson.

Initials	d	h	j	m	sh	y	
Finals	a	o	e	i	ai	ao	ian

1)

dī	dí	dǐ	dì
低	敌	抵	第
low	enemy	arrival	No.

2)

haō	haó	haǒ	haò
蒿	壕	好	耗
wormwood	trench	good	exhaust

3)	jiān	jián	jiǎn	jiàn
	间	-	检	见
	space	-	checkup	meet

4)	yā	yá	yǎ	yà
	鸭	牙	雅	压
	duck	teeth	elegancy	press

When two third tone syllables are presented right next to each other, the first syllable changes to the second tone automatically. Examples:

Nǐ hǎo = **Ní** hǎo   Wǒ hěn hǎo = Wǒ **hén** hǎo
你 好   Hello   我 很 好   I am very good

5.   **Yú fǎ   Grammar**
　　　　　语 法

Chinese grammar is much simpler than English grammar. Chinese verbs have no conjugations. The sentence structure is simple; however, it has similarity with English sentence structure.

Just like an English sentence structure, a Chinese sentence usually starts with the subject followed by the predicate. Example:

Wǒ + hěn hǎo   I (am) + very good
我 + 很 好
Subject + Predicate

1) In Chinese, "**Shì** 是" is the only word for <u>verb to be</u>. "Shì 是" also means "yes". Examples:

Nǐ **shì** Ní nà ma ? 你 是 妮 娜 吗?   **Are** you Nina?
Shì. Wǒ **shì** Ní nà. 是。我 是 妮 娜。 **Yes**. I am Nina.

2) Please remember the use of "ma 吗" at the end of your question when you greet the individual: "Nǐ hǎo **ma?** 你好吗? How are you?" It is a general <u>question particle</u> in Chinese.

3) Another general question particle is "ne 呢". For instance: "Nǐ **ne?** 你呢?" In using the "ne" with a question mark, it means "And you?", "How about you?" or "What about you?" This is one of the most useful and shortest sentences that you have learned for now. Please practice it as much as you can.

4) "**De** 的" is used as a possessive word to denote the ownership of something (possession); it is like an apostrophe 's in English.

Examples:

Zhèi shì <u>wǒ **de**</u> shū.　　这是<u>我的</u>书。　This is <u>my</u> book.

Zhèi shì <u>Dà wèi **de**</u> shū.这是<u>大卫的</u>书。This is <u>David's</u> book.

Zhèi shì <u>wǒ men **de**</u> shū.这是<u>我们的</u>书。This is <u>our</u> book.

Zhèi shì <u>nín **de**</u> shū ma ? 这是<u>您的</u>书吗? Is this <u>your</u> book?

Zhei bú shì <u>wǒ **de**</u> shū. 这不是<u>我的</u>书。This is not <u>my</u> book.

Zhèi shì <u>ní **de**</u> ma ?　这是<u>你的</u>吗?　　Is this <u>yours</u>?

Pronouns

wǒ	nǐ	tā / tā / tā
我	你	他 / 她 / 它
I, me	you (singular)	he / she / it
wǒ men	nǐ men	tā men / tā men / tā men
我 们	你 们	他们 / 她们 / 它们
we, us	you (plural)	they / they / they
		(men and women)/(women)/(non-humans)

The Possessive Pronouns

wǒ de	nǐ de	tā de / tā de / tā de
我 的	你的	他 的/ 她 的/ 它的
my, mine	your (singular), yours	his / her, hers/ its

wǒ men de	nǐ men de	tā men de / tā men de / tā men de
我 们 的	你们的	他们 的/ 她们 的 /它们 的
our, ours	your, yours	their, theirs/ their, theirs / their, theirs
	(plural)	(females) (non-humans)

6.　　Liàn xí　Exercises
练 习

1) Review and practice the following groups of Pinyin. Place the correct tone mark(s) over each word/phrase and translate:

   a. ni hao　　b. wo shi　　c. hen hao　　d. ni hao ma

   e. xie xie　　f. zhei shi　　g. ni de shu　　h. bu ke qi

2) Form a group of 2 to 4 people to read aloud the dialogues of the text (or imagine yourself to play the characters in the text).

3) Make your own sentences out of the following words/phrases and translate each sentence after completing it:

a. Nín hǎo! Wǒ shì   b. zhèi/zhè shì   c. shū   d. wǒ de
 您 好! 我 是   这 是   书   我 的
 Hello!   I am   this is   book   my

e. Mā ma   f. nǐ men   g. xiè xie   h. Zhōng wén shū
 妈 妈   你 们   谢 谢   中 文 书
 Mom   you (plural)   thanks   Chinese book

i. hěn hǎo   j. dì yī   k. nín de Bà ba   l. hǎo ma?
 很 好   第一   您 的 爸 爸   好 吗?
 very good   number 1   your Dad   okay?

4) Shí yòng huì huà
 实 用 会 话
 Practical Conversation

a. This is a formal conversation between two business people. Both of them are greeting each other in a hotel. David Benson often travels to China and he speaks Chinese very well.

A: Nín hǎo! Wǒ shì Dà wèi Bān sēn.
 您 好! 我 是 大 卫 班 森。

B: Nín hǎo! Wǒ shì Yáo Lì.
 您 好! 我 是 姚 力。

A: Zhèi shì wǒ de míng piàn.
    这 是 我 的 名 片。

B: Xiè xie. Zhèi shì wǒ de míng piàn.
    谢 谢。 这 是 我 的 名 片。

A: Xiè xiè. Qǐng wèn, ABC Kā fēi Tīng zài nǎ lǐ?
    谢 谢。 请 问，ABC 咖 啡 厅 在 哪 里?
(David is trying to find the location of ABC café in the hotel).

B: Zài yī lóu.
    在 一 楼。

A: Xiè xiè. Zài jiàn!
    谢 谢。 再 见!

B: Bú kè qi. Zài jiàn!
    不 客 气。再 见!

b. *This is a casual conversation between two students.*
    They are chatting outside of the classroom.

A: Nǐ hǎo! Nǐ shì Dà wèi ma?
    你 好! 你 是 大 卫 吗?

B: Wǒ shì. Nǐ ne?
    我 是。 你 呢?

A: Wǒ shì Jié. Nǐ shàng Zhōng wén kè ma?
    我 是 杰。 你 上 中 文 课 吗?

B: Duì. 对。 Nǐ ne? 你 呢?

A: Wǒ yě shàng Zhōng wén kè.
     我 也 上 中 文 课。

B: Tài hǎo le!
     太 好 了！

(The two students are looking forward to have a good class together).

7.   **Dá àn   Answers**
                          答 案

1) a. Nǐ hǎo   b. wǒ shì   c. hěn hǎo   d. Nǐ hǎo ma?
      你 好   我 是   很 好   你 好 吗？
      Hello   I am   very good   How are you?

   e. Xiè xie   f. zhèi shì   g. nǐ de shū   h. Bú kè qi
      谢 谢   这 是   你 的 书   不 客 气
      Thank you   this is   your book   You are welcome

3) a. <u>Nín hǎo!</u>   <u>Wǒ shì</u> Mǎ kè.
      <u>您 好！</u>   <u>我 是</u> 马 克。
      <u>Hello!</u>   <u>I am</u> Mark.

   b. <u>Zhèi shì</u> wǒ de shū.
      <u>这 是</u> 我 的 书。
      <u>This is</u> my book.

   c. Nǐ de <u>shū</u> hěn hǎo.
      你 的 <u>书</u> 很 好。
      Your <u>book</u> is very good.

d. Tā shì <u>wǒ de</u> Bà ba.
   他 是 <u>我 的</u> 爸 爸。
         He is <u>my</u> Dad.

e. Tā shì nǐ de <u>Mā ma</u> ma?
   她 是 你 的 <u>妈 妈</u> 吗？
         Is she your <u>Mom</u>?

f. <u>Nǐ men</u> hǎo ma?
   <u>你 们</u> 好 吗？
   How are <u>you (plural)</u>?

g. Wǒ men hěn hǎo.   <u>Xiè xie</u>.
   我 们 很 好。   <u>谢 谢</u>。
   We are very good.   <u>Thanks</u>.

h. Wǒ de <u>Zhōng wén shū</u> hěn hǎo.
   我 的 <u>中 文 书</u> 很 好。
   My <u>Chinese book</u> is very good.

i. Nín de Zhōng wén <u>hěn hǎo</u>.
   您 的 中 文 <u>很 好</u>。
   Your Chinese is <u>very good</u>.

j. "Dà wèi, nǐ <u>dì yī</u>!"
   "大 卫，你 <u>第 一</u>！"
    "David, you are <u>number one</u>!"

k. <u>Nín de Bà ba</u> shì <u>lǎo shī</u> ma?
   <u>您 的 爸 爸</u> 是 <u>老 师</u> 吗？
   Is <u>your Dad</u> a <u>teacher</u>?

l.   Nín de Mā ma <u>hǎo ma</u>?

    您 的 妈 妈 <u>好 吗</u>？

    Is your Mom <u>okay</u>?   (<u>How is</u> your Mom?)

4)   Shí yòng huì huà

    实 用 会 话

    Practical Conversation

a.   *This is a formal conversation. It is between two business people.*

A: Nín hǎo!   Wǒ shì Dà wèi Bān sēn.

    您 好！   我 是 大 卫 班 森。

    Hello!   I am David Benson.

B: Nín hǎo! Wǒ shì Yáo Lì.

    您 好！ 我 是 姚 力。

    Hello!   I am Yao Li.

A: Zhèi shì wǒ de <u>míng piàn</u>.

    这 是 我 的 <u>名 片</u>。

    This is my <u>business card</u>.

B: Xiè xie.   Zhèi shì wǒ de míng piàn.

    谢 谢。   这 是 我 的 名 片。

    Thank you.   This is my business card.

A: Xiè xiè.   <u>Qǐng wèn</u>, ABC <u>Kā fēi Tīng</u> zài nǎ lǐ ?

    谢 谢。   <u>请 问</u>，ABC 咖 啡 厅 在 哪 里？

    Thanks.   <u>May I ask</u>, where is ABC <u>Café</u>?

B: Zài yī lóu.
    在 一 楼。
    (It is) on the first floor.

A: Xiè xiè.   Zài jiàn!   B: Bú kè qi.   Zài jiàn!
    谢 谢。   再 见!   不 客 气。   再 见!
    Thanks.   Good-bye!   You are welcome.   Good-bye!

b. This is a casual conversation between two students.

A: Nǐ hǎo! Nǐ shì Dà wèi ma?
    你 好！ 你 是 大 卫 吗？
     Hello!   Are you David?

B: Wǒ shì.   Nǐ ne?
    我 是。   你 呢？
    I am (David).   And you?

A: Wǒ shì Jié.   Nǐ shàng Zhōng wén kè ma?
    我 是 杰。   你 上 中 文 课 吗？
    I am Jay.   Are you attending the Chinese class?

B: Shì a.   Nǐ ne?
    是 啊。   你 呢？
    Yeah (Yes).   And you?

A: Wǒ yě shàng Zhōng wén kè.
    我 也 上 中 文 课。
    I am also attending the Chinese class.

B: Tài hǎo le !   太好了！ Great!

8.   Yú nǐ fēn xiǎng   To Share with You
与 你 分 享

In this section, I would like to invite **Grandpa Wu**, my beloved mentor to share his unique and meaningful stories with you. Hope you have a happy journey in getting to know Chinese language, Chinese culture, Chinese people and Chinese history.

Grandpa Wu:
Wǔ Yé ye   How was the Chinese Pinyin system created?
武 爷 爷

I still remember vividly when the Chinese Pinyin system Hàn yǔ Pīn yīn 汉语拼音 was created in 1958, in China. The Chinese government and the Chinese scholars had worked together for a "Movement of the Chinese Phonetic Alphabet".

Chinese Pinyin system (the Roman alphabet and four tones) was established officially in 1958. From that time on, we as Chinese people have had the key tool in learning our official and beautiful language – Chinese (Mandarin Hàn yǔ 汉语).

Since there are 56 ethnic groups in China, the Pinyin system was created to meet the needs of the official language learning throughout the entire China. Over more than fifty years, Pinyin 拼音 not only has helped thousands of thousands people in China to study Chinese, it has also helped a tremendous number of people from all over the world to learn Chinese (Mandarin Hàn yǔ 汉语).

In fact, I have benefited through the Pinyin system for over 5 decades. It helps me in teaching my children and students well; today, more and more people study Chinese through Pinyin 拼音 – an easy and quick approach in learning Chinese.

Frankly, I am very proud to say that it contributes as a linguistic treasure to the world. And I am looking forward to see more American students and non-Chinese/Mandarin-speakers to learn Chinese through the Pinyin system.

Chinese and Its Different Expressions

Do you know how many expressions are there for "Chinese"? In English it is <u>Chinese</u> and it means <u>Chinese language</u>. However, in Chinese (Mandarin), Chinese is called Hàn yǔ, Pǔ tong huà, Zhōng guò huà, Zhōng wén, Guó yǔ and Huá yǔ by the different groups of Chinese people from different countries (regions) of the world. I have a list of six expressions and I will explain each one of them to you.

1. Hàn yǔ 汉语 is the academic name for Chinese (Mandarin) because it is the key language spoken and written among China's largest ethnic group – Han. It means the <u>Han's Language</u>. Today, this expression is mostly used by the scholars, linguists and language professors in the universities.

2. Pǔ tōng huà 普通话 is mainly used in Mainland China. It actually means the <u>Common Tongue</u>.

3. Zhōng guò huà 中国话 is the most common and oldest expression which has been used among the Chinese from all over the world. It actually means <u>Chinese Spoken Language</u>.

4. Zhōng wén 中文 is today's expression especially since the time of <u>2008 Summer Olympic Games</u> in Beijing, China. Zhōng wén 中文 literally means Chinese Written Language. However, it also means

<u>Chinese Language</u> (wén 文 means written and spoken language).
Today, it is widely used all over the world among Chinese people.

Examples: Nǐ shuō (jiǎng) Zhōng wén ma ? Do you speak Chinese?
　　　　　你 说 (讲) 中 文 吗?

　　　　　Wǒ shuō yī diǎn (yī diǎn er). I speak a little (Chinese).
　　　　　我 说 一 点 (一 点 儿)。

　　　　　Wǒ shuō (jiǎng) Zhōng wén. 　 I speak Chinese.
　　　　　我 说 (讲) 中 文。

5. Guó yǔ 国语 means the <u>National Language</u> and it has been used in
Taiwan (R.O.C.). You can often hear that the Chinese Americans
and the Chinese Canadians say: "Nǐ de Guó yǔ jiǎng de hěn hǎo"!
　　　　　　　　　　　你 的 国 语 讲 得 很 好!
　　　　　　　　　　　You speak Mandarin very well!

6. Huá yǔ 华语 means the <u>Language of China</u> and it has been used in
Singapore for a long time. The children of Chinese families would
usually start to learn and speak Huá yǔ 华语 at a very early age.

　　Today, Chinese – Hàn yǔ 汉语/ Zhōng wén 中文/ Guó yǔ 国
语/Huá yǔ 华语/Zhōng guò huà 中国话/ Pǔ tōng huà 普通话 is the
official language in China, Taiwan (R.O.C.) as well as one of the
official languages in Singapore; and it is known as <u>Chinese Mandarin</u>
in the United States, Canada, Australia and European countries.

　　There are over two hundred dialects are spoken in China.
When a child begins his/her elementary school, the child will learn
to speak Pǔ tōng huà 普通话 (the written symbols - Hàn zì 汉字 are the
same even though there are over 200 dialects spoken in China).

From my lifelong experience in studying Chinese Mandarin, it is very important to distinguish the four tones in a correct way. Because these four tones represent different characters with their different meanings, we should carefully pronounce each tone until we can grasp each one in a clear and right pronunciation.

Now let's practice the four tones with "ma" and remember the meanings of the four characters (Hàn zì 汉字). Let's have fun!

mā	**má**	**mǎ**	**mà**
妈	麻	马	骂
Mom	numb	horse	scold

Mā ma qí **mǎ**, mǎ màn.
妈 妈 骑 马，马 慢。
Mom rides the **horse**, the horse runs slowly.

Mā ma **mà** mǎ.
妈 妈 **骂** 马。
Mom **scolds** the horse.

Mā ma de shǒu **má** le.
妈 妈 的 手 **麻** 了。
Mom's hands feel **numb**.

In conclusion, Chinese Mandarin is like a musical language that has tones with rhythms. When you learn Mandarin, you have to be ready to "sing". Good luck!

~ Grandpa Wu ~

Lesson 2　　　Introductions to Each Other
Dì Èr Kè　　　Xiāng Hù Jiè Shào
第 2 课　　　相 互 介 绍

1.　　　**Kè wén　Text**
　　　　　　　课 文

Miss Lin is looking for a part-time job in teaching Chinese class at this language center. Danny, an office worker is greeting her and introduces Miss Lin to his manager, Linda Miller.

Dān ní:	Nǐ hǎo!　　<u>Wǒ jiào</u> Dān ní Bèi kè.
丹 尼	你 好!　　<u>我 叫</u> 丹 尼 贝 克。
	Hello!　　<u>My name is</u> Danny Baker.

　　　　　　Nǐ jiào <u>shén me</u> míng zi ?
　　　　　　你 叫 <u>什 么</u> 名 字?
　　　　　　<u>What</u> is your name?

Mǎ lì:	Nǐ hǎo!　　<u>Wǒ jiào</u> Lín Mǎ lì
玛 丽	你 好!　　<u>我 叫</u> 林 玛 丽。
	Hello!　　<u>My name is</u> Lin, Mary (Mary Lin).

Dān ní:	Nǐ shì <u>nǎ lǐ</u> rén ?
丹 尼	你 是 <u>哪 里</u> 人?
	<u>Where</u> are you from?

Mǎ lì:	<u>Zhōng guó</u>.　Wǒ shì <u>Zhōng guó rén</u>.　Nǐ ne ?
玛 丽	<u>中 国</u>。 我 是 <u>中 国 人</u>。 你 呢?
	<u>China</u>.　　I am <u>Chinese</u>.　　And you?

Dān ní:	Yīng guó. Wǒ shì Yīng guó rén.
丹 尼	英 国。 我 是 英 国 人。
	England. I am British.

Now Danny introduces Miss Lin to his manager – Linda Miller.

Dān ní:	Zhèi shì jīng lǐ – Lín dá Mǐ lè.
丹 尼	这 是 经理 – 琳达米勒。
	This is the Manager – Linda Miller.

	Tā shì Měi guó rén.
	她 是 美 国 人。
	She is American.

Lín dá:	Nín hǎo! Hěn gāo xìng jiàn dào nín.
琳 达	您好! 很 高兴 见 到 您。
	Hello! (I am) very glad to meet/see you.
	(It's very nice to meet/see you).

Mǎ lì:	Yě hěn gāo xìng jiàn dào nín.
玛 丽	也 很 高兴 见 到 您。
	(I am) also very glad to meet/see you.
	(It's very nice to meet/see you too).

Lín dá:	Nín shì Zhōng wén lǎo shī ma?
琳 达	您 是 中 文 老 师 吗?
	Are you (a) Chinese Language instructor?

Mǎ lì:	Shì de. Wǒ shì Zhōng wén lǎo shī.
玛 丽	是的。 我 是 中 文 老师。
	Yes. I am (a) Chinese Language instructor.

Lín dá: 琳 达	Qǐng tián hǎo <u>shēn qǐng biǎo</u>. 请 填 好 <u>申 请 表</u>。 <u>Please</u> fill out the <u>application form</u>.
Mǎ lì: 玛 丽	Xiè xie. 谢 谢。 Thank you.
Lín dá: 琳 达	Bú kè qi. 不 客 气。 You are welcome.

2. Shēng cí Vocabulary
生 词

1)	xiāng hù	相互	each other
2)	jiè shào	介绍	introduce, introduction
3)	jiào	叫	call, to be called
4)	Dān ní Bèi kè	丹尼 贝克	Danny Baker
5)	shén me	什么	what
6)	míng zì	名字	name (full name)
7)	nǎ lǐ (nǎ er)	哪里(哪儿)	where
8)	Lín Mǎ lì	林玛丽	Lin, Mary
9)	Zhōng guó	中国	China

10)	Yīng guó	英国	England
11)	Měi guó	美国	America, the United States
12)	rén	人	person, people
13)	Měi guó rén	美国人	American
14)	Zhōng guó rén	中国人	Chinese
15)	Yīng guó rén	英国人	British
16)	jīng lǐ	经理	manager
17)	gāo xìng	高兴	glad, happy
18)	jiàn dào	见到	to meet, to see
19)	Zhōng wén	中文	Chinese Language
20)	lǎo shī	老师	teacher, instructor
21)	qǐng	请	please, to invite, to treat
22)	tián hǎo	填好	to fill out
23)	shēn qǐng	申请	application
24)	biǎo	表	form
25)	Lín dá Mǐ lè	琳达米勒	Linda Miller

26) shì de 是的 yes (a firm "Yes!")

3.   Zhù jiě   Notes
注 解

1) "Nǐ jiào shén me míng zi ?" 你叫什么名字? "What is your name?" It is actually written: What are you called? In the business sector, you often hear that one would ask your name by saying this sentence: "Qǐng wén, nín guì xìng ?" 请问, 您贵姓? "May I know, your honorable last name?" Then, the individual will answer: "Wǒ xìng Gāo. Wǒ jiào Gāo Míng." 我姓高。我叫高明。 My last name is Gao. My full name is Gao Ming. It is very crucial to use this polite way to ask the person's name among the business and the professional people. The polite expression can lead you to open more doors of the opportunity to achieve your goals in business and career.

2) "Wǒ jiào Lín Mǎ lì." 我叫林玛丽。 "My name is Lin, Mary." For a Chinese name, the last name always appears before the first name. However, this rule only applies for the Chinese names. If you don't have a Chinese name, you should always say your official name as it is (examples: Allen Smith, Maria Lopez).

3) "Nǐ shì nǎ lǐ rén ?" 你是哪里人? "Where are you from?" This is a common question that is often asked among Chinese because there are many provinces in China. When they meet, they like to know which area the individuals are from (such as Shanghai – Southern China or Beijing – Northern China).

4) "Hěn gāo xìng jiàn dào nín." 很高兴见到您。 "(I am) very glad to meet/see you." It also means "It's very nice to meet/see you". This is a wonderful expression for the business people to use when

you meet in person for the first time. Moreover, you can continue to use this expression each time you see the same person.

4.   **Pīn yīn hé Sì shēng   Pronunciation**
拼 音 和 四 声

Initials	n	l	g	x	r
Finals	uo	en	ing	iao	

1) nāo   náo   nǎo   nào
    孬   挠   脑   闹
    bad   scratch   brain   noisy

2) liāo   liáo   liǎo   liào
    撩   聊   了   料
    raise   chat   know   material

3) guō   guó   guǒ   guò
    锅   国   果   过
    pot   country   fruit   through

4) xīng   xíng   xǐng   xìng
    星   行   醒   兴
    star   action   wake up   glad

5) rēn   rén   rěn   rèn
    -          人   忍   任
    -          person   endure   task

5. Yú fǎ   Grammar
语法

Chinese grammar shares its basic structure with English grammar. The sentence structure is simple and straightforward. However, please keep in mind that verb to be – shì 是 is not used in certain Chinese sentences (see examples below).

1) Wǒ   <u>hěn gāo xìng</u> jiàn dào nín.
    我   很 高 兴   见 到 您。
    I (am) <u>very glad</u> to meet you.

In this sentence, it is actually saying: "I very glad to meet you." Not like in English, you have to use verb to be (am) – "I am very glad to meet you."

2) Tā   <u>hěn piào liàng</u>.
    她   很 漂 亮。
    She (is) <u>very pretty</u>.

Notice that when an adjective followed after the subject, it shows a clear rule that you do not need to put the verb to be (is) in between them.

3) As you know, you need to place "ma 吗" at the end of a general question in order to form a question in Chinese. By taking out the "ma" and change "Nǐ 你" (you) to "Wǒ 我" (I) – it becomes your **affirmative answer** (see example).

    Nǐ <u>hē shuǐ</u> ma?   Wǒ <u>hē shuǐ</u>.
    你 喝 水 吗?   我 喝 水。
    Do you <u>drink water</u>?   I <u>drink water</u>.

4) As you know, "**bù** 不" means "**no**"; by putting the "**bù**" before the verb, it becomes "don't" (do not). Here, your **negative answer** is formed as (see example):   **bù** 不 do not + verb

Nǐ <u>hē kā fēi</u> ma?   Wǒ **bù** <u>hē kā fēi</u>.
你 <u>喝 咖 啡</u> 吗？   我 <u>不</u> <u>喝 咖 啡</u>。
Do you <u>drink coffee</u>?   I <u>do not drink coffee</u>.

6.   Liàn xí   Exercises
                         练 习

1) Review and practice the following groups of Pinyin. Place the correct tone mark(s) over each word/phrase and translate:

a. wo jiao   b. shen me   c. na li   d. Zhong guo

e. jing li   f. Ying guo   g. Mei guo   h. hen gao xing

2) Form a group of 2 to 4 people to read aloud the dialogues of the text (or imagine yourself to play the characters in the text).

3) Make your own sentences out of the following words/phrases and translate each sentence after completing it:

a. Nín hǎo! Hěn gāo xìng   b. Zhèi shì   c. Zhōng guó
您 好！   很 高 兴   这 是   中 国
Hello!   Very glad   This is   China
d. Zhōng wén lǎo shī   e. nǎ lǐ   f. Měi guó   g. qǐng
中 文 老 师   哪里   美 国   请
Chinese Language teacher   where   America   please

32

4) Shí yòng huì huà
   实 用 会 话
   Practical Conversation

a. *This is a formal conversation between two professionals.*
They are meeting in an American English Speech Convention.

A: Nín hǎo! Qǐng wèn, nín guì xìng?
    您 好! 请 问, 您 贵 姓?

B: Wǒ xìng Wèi. Wǒ jiào Wèi Wén Yì – Wèi Jiào Shòu.
    我 姓 卫。 我 叫 卫 文 艺 – 卫 教 授。

A: Wǒ shì Ān nà Tài lè. Hěn gāo xìng jiàn dào nín.
    我 是 安 娜 泰 勒。 很 高 兴 见 到 您。

B: Yě hěn gāo xìng jiàn dào nín – Tài lè Jiào Shòu.
    也 很 高 兴 见 到 您 – 泰 勒 教 授。

    Wǒ men hěn ài kàn nín de shū.
    我 们 很 爱 看 您 的 书。

A: Shì yǒu guān Měi guó lì shǐ de shū ma?
    是 有 关 美 国 历 史 的 书 吗?

B: Shì de. Nín de shū, xiáng xì sù shuō le Měi guó lì shǐ.
    是 的。 您 的 书, 详 细 诉 说 了 美 国 历 史。

    Yě jī lì le xǔ duō wǒ de xué shēng duì Měi guó lì shǐ
    也 激 励 了 许 多 我 的 学 生 对 美 国 历 史

de shēn rù yán jiū.
的 深 入 研 究。

A: Tài hǎo le!   Wǒ men cháng chang bǎo chǐ lián luò ba!
太 好 了! 我 们 常 常 保 持 联 络 吧!

B: Yì yán wéi dìng!
一 言 为 定!

b. *This is a casual conversation between a group of young people.*

A: Nǐ shuō Zhōng wén ma?
你 说 中 文 吗?

B: Yī diǎn diǎn (yi diǎn er).
一 点 点 (一 点 儿)。

A: Nǐ men qù nǎ lǐ?
你 们 去 哪 里?

B: Zhōng guó.   Nǐ men ne?
中 国。 你 们 呢?

A: Yīng guó.
英 国。

B: Dōng tiān, Yīng guó hěn lěng.
冬 天, 英 国 很 冷。

C: Yào duō chuān yī diǎn er yī fu.
要 多 穿 一 点 儿 衣 服。

D: Yào <u>dài sǎn</u>, cháng chang yào <u>xià yǔ</u>..... A: Xiè xie. Zài jiàn!
要 带 伞, 常 常 要 下 雨..... 谢 谢。 再 见!

7.   **Dá àn   Answers**
                        答 案

1)   a. Wǒ jiào   b. shén me   c. nǎ lǐ   d. Zhōng guó
        我 叫   什 么   哪 里   中 国
     My name is   what   where   China

     e. jīng lǐ   f. Yīng guó   g. Měi guó   h. hěn gāo xìng
        经 理   英 国   美 国   很 高 兴
     manager   England   America   very glad/happy

3) a. <u>Nín hǎo!</u>   <u>Hěn gāo xìng</u> jiàn dào nín.
      <u>您 好!</u>   <u>很 高 兴</u> 见 到 您。
      <u>Hello!</u>   (I am) <u>very glad</u> to meet you (see you).

   b. <u>Zhèi shì</u> wǒ men de Yīng guó lǎo shī ma?
      <u>这 是</u> 我 们 的 英 国 老 师 吗?
      <u>Is this</u> our British teacher?

   c. Tā men qù <u>Zhōng guó</u> ma?
      他 们 去 <u>中 国</u> 吗?
      Are they going to <u>China</u>?
      (Will they go to China?)
      (Do they go to China?)

   d. Tā shì nǐ men de <u>Zhōng wén lǎo shī</u> ma?
      她 是 你 们 的 <u>中 文 老 师</u> 吗?
      Is she your <u>Chinese Language teacher</u>?

e. Nǐ shì nǎ lǐ rén?

你 是 哪 里 人 ?

Where are you from?

f. Wǒ shì Měi guó rén.

我 是 美 国 人 。

I am American (U.S.A. citizen).

g. Qǐng hē shuǐ.

请 喝 水 。

Please drink water.

4) Shí yòng huì huà

实 用 会 话

Practical Conversation

a. *This is a formal conversation. It is between two professors.*
Professor Taylor is greeting Professor Wei.

A: Nín hǎo!   Qǐng wèn, nín guì xìng?

您 好 !   请 问 , 您 贵 姓 ?

Hello!   May I ask, your honourable last name?

B: Wǒ xìng Wèi. Wǒ jiào Wèi Wén Yì – Wèi Jiào Shòu.

我 姓 卫 。 我 叫 卫 文 艺 – 卫 教 授 。

My last name is Wei. My name is Wei Wen Yi – Professor Wei.

A: Wǒ shì Ān nà Tài lè.   Hěn gāo xìng jiàn dào nín.

我 是 安 娜 泰 勒 。 很 高 兴 见 到 您 。

I am Anna Taylor.   I am very glad to meet you.
(It's very nice to meet/to see you).

B: Yě hěn gāo xìng jiàn dào nín – Tài lè Jiào Shòu.
    也 很 高 兴 见 到 您 – 泰 勒 教 授。
    I am very glad to meet you too – Professor Taylor.

    Wǒ men hěn ài kàn nín de shū.
    我 们 很 爱 看 您 的 书。
    We love to read your book(s) very much.

A: Shì yǒu guān Měi guó lì shǐ de shū ma?
    是 有 关 美 国 历 史 的 书 吗?
    Is that the book about the American history?

B: Shì de. Nín de shū, xiáng xì sù shuō le Měi guó lì shǐ.
    是 的。 您 的 书, 详 细 诉 说 了 美 国 历 史。
    Yes.   Your book has stated a detailed American history.

    Yě jī lì le xǔ duō wǒ de xué shēng duì Měi guó lì shǐ
    也 激 励 了 许 多 我 的 学 生 对 美 国 历 史
    It has also encouraged many of my students in studying the

    de shēn rù yán jiū.
    的 深 入 研 究。
    American history profoundly.

A: Tài hǎo le!   Wǒ men cháng chang bǎo chí lián luò ba!
    太 好 了! 我 们 常 常 保 持 联 络 吧!
    Great!   Let's keep in touch !

B: Yì yán wéi dìng!
    一 言 为 定!
    Absolutely!

b. *This is a casual conversation between a group of young people.*
They are at the airport and waiting for their departure flights.
Lee wants to practice his newly learned Chinese Mandarin...

A: Nǐ shuō Zhōng wén ma?
你 说 中 文 吗?
Do you speak Chinese?

B: <u>Yī diǎn dian</u> (yi diǎn er).
<u>一 点 点</u> (一 点 儿)。
<u>A little</u>.

A: Nǐ men <u>qù</u> nǎ lǐ?
你 们 <u>去</u> 哪 里?
Where are you <u>going</u>?

B: Zhōng guó.   Nǐ men ne?
中 国。   你 们 呢?
China.   What about you?

A: Yīng guó.
英 国。
England.

B: <u>Dōng tiān</u>, Yīng guó hěn <u>lěng</u>.
<u>冬 天</u>, 英 国 很 <u>冷</u>。
In the <u>winter</u>, it's very <u>cold</u> in England.

C: Yào duō <u>chuān</u> yī diǎn er <u>yī fu</u>.
要 多 <u>穿</u> 一 点 儿 <u>衣 服</u>。
You have to <u>wear</u> more layers of the <u>clothes</u>.

D: Yào <u>dài săn</u>, cháng chang yào <u>xià yǔ</u>…..
    要 <u>带 伞</u>, 常 常 要 <u>下 雨</u>…..
    You have to <u>bring an umbrella</u> with you because it <u>rains</u> often.

A: Xiè xie.   Zài jiàn!
    谢 谢。   再 见!
    Thanks.   Bye-bye!

8.   Yú nǐ fēn xiǎng   To Share with You
与 你 分 享

Grandpa Wu:
Wǔ Yé ye   How many characters do you need to remember?
武 爷 爷

As you all know, Chinese writing is expressed by characters. This is one of the oldest written languages in the world.

Each character has its own meaning; and it is estimated at more than 50,000 characters in Chinese character records. There are about 6000 characters being used in general and in a variety of sectors; 2500 to 3000 characters are used for everyday communication.

However, if one only wants to get by without going to college or university, one only needs to learn and remember about 400 to 800 characters in his/her life. One can read a local Chinese newspaper by knowing the basic 400 to 500 characters (as a starter).

If you learn one character every day in a year (365 days), you will know 365 characters. Would you like to start right now? I hope you have a lot of fun in studying Chinese characters (Hàn Zì 汉字).

~ Grandpa Wu ~

Lesson 3   **Time: What Time Is It?**
Dì Sān Kè   **Shí Jiān: Xiàn Zài Jǐ Diǎn?**
第 3 课   时 间： 现 在 几 点？

David and Mary are attending some classes in the evening.

1.   **Kè wén Text**
课 文

Dà wèi: Xiàn zài <u>jǐ diǎn</u>?
大 卫   现 在 <u>几 点</u>？
           <u>What time</u> is it?

Mǎ lì: Liù <u>diǎn</u>.
玛 丽   6 <u>点</u>。
           6 <u>O'clock</u>.

Dà wèi: Nǐ jǐ diǎn shàng kè?
大 卫   你 几 点 上 课？
           What time is your class?

Mǎ lì: Liù diǎn bàn.
玛 丽   6 点 半。
           6 : 30.

Dà wèi: Wǒ men hái yǒu <u>shí jiān</u>, <u>hē kā fēi</u>.
大 卫   我 们 还 有 <u>时 间</u>，<u>喝咖啡</u>。
           We still have <u>time</u> to <u>have some coffee</u>.

Mǎ lì: Hǎo.   <u>Wǒ men zǒu ba</u>!
玛 丽   好。   <u>我 们 走 吧</u>！
           Good.   <u>Let's go</u>!

David has begun dating with Mary for three months, and they truly enjoy each other's company. They are planning to have lunch together.

Mǎ lì: Nǐ jǐ diǎn <u>shàng bān</u>?
玛丽 你 几 点 <u>上 班</u>?
What time do you start <u>work</u>?

Dà wèi: Bā diǎn.
大 卫 8 点。
8 O'clock.

Mǎ lì: Nǐ jǐ diǎn <u>chī wǔ fàn</u>?
玛丽 你 几 点 <u>吃 午 饭</u>?
What time do you <u>have lunch</u>?

Dà wèi: Shí èr diǎn. Nǐ ne?
大 卫 1 2 点。 你 呢?
1 2 O'clock. What about you?

Mǎ lì: Shí èr diǎn.
玛丽 1 2 点。
1 2 O'clock.

Dà wèi: <u>Jīn tiān</u>, wǒ men <u>yì qǐ</u> chī wǔ fàn ba!
大 卫 <u>今 天</u>, 我 们 <u>一 起</u> 吃 午 饭 吧!
<u>Today</u>, let's have lunch <u>together</u>!

Mǎ lì: Hǎo. Shí èr diǎn <u>jiàn</u>!
玛丽 好。 1 2 点 <u>见</u>!
Good. <u>See</u> you at 12 O'clock.

2.   **Shēng cí Vocabulary**
                         生   词

1)	shí jiān	时间	time
2)	xiàn zài	现在	now
3)	jǐ diǎn	几点	what time
4)	liù	6, 六	six
5)	diǎn	点	O'clock
6)	shàng kè	上课	to attend a class, have a lesson
7)	liù diǎn bàn	六点半	six thirty, 6:30
8)	bàn	半	half (30 minutes)
9)	yí kè (yī kè)	一刻	a quarter (15 minutes)
10)	sān kè	三刻	three quarters (45 minutes)
11)	wǒ men	我们	we, us
12)	hái	还	still
13)	yǒu	有	to have, there is (are)
14)	hē	喝	to drink
15)	Zǒu ba !	走吧！	Let's go!

16)	shàng bān	上班	to work, start work
17)	bā	8，八	eight
18)	chī	吃	to eat
19)	zǎo fàn	早饭	breakfast
20)	wǔ fàn	午饭	lunch
21)	wǎn fàn	晚饭	dinner
22)	kā fēi	咖啡	coffee
23)	shuǐ	水	water
24)	jīn tiān	今天	today
25)	yì qǐ (yī qǐ)	一起	together
26)	shí èr	12，十二	twelve

3.   Zhù jiě   Notes
                     注 解

1) "Xiàn zài jǐ diǎn? 现在几点？What time is it?" It is actually written: Now what time? It is the most common expression for asking about time. Then, you may answer the time directly: Sān diǎn. 3 点。 3 O'clock.

2) "Nǐ jǐ diǎn shàng kè? 你几点上课？What time is your class?"

It is actually written: You what time attend the class? Here "kè 课" means class or lesson, "shàng kè 上课" means to attend a class or have a lesson.

3)   "Liù diǎn bàn. 6 点 半。6:30."
It is actually written: 6 O'clock half. This is a typical Chinese way to tell for time. "bàn 半 half" mean half an hour - 30 minutes. You will learn more about time in <u>Supplementary Section</u> of this lesson.

4.   **Pīn yīn hé Sì shēng   Pronunciation**
                    拼 音 和 四 声

	Initials	b	f	t	l	q
	Finals	an	ang	ei	er	ou

1)	bān	bán	bǎn	bàn
	搬	-	板	半
	move	-	board	half
2)	fāng	fáng	fǎng	fàng
	方	房	纺	放
	square	house	spin	put
3)	tāng	táng	tǎng	tàng
	汤	糖	躺	烫
	soup	sugar	lie	burn
4)	fēi	féi	fěi	fèi
	飞	肥	翡	费
	fly	fat	jade	cost

5)	qī	qí	qǐ	qì
	七	奇	起	气
	seven	strange	up	air

6)	lōu	lóu	lǒu	lòu
	搂	楼	篓	漏
	gather up	building	basket	leak

7)	ēr	ér	ěr	èr
	-	儿	耳	二
	-	son	ear	two

The Rules of Tone Change:

a. When "yī 一 one" followed by a 1ˢᵗ, 2ⁿᵈ or 3ʳᵈ tone, it should be pronounced as "yì" (4ᵗʰ tone). Examples:

yì qiān， yì céng， yì qǐ
一 千， 一 层， 一 起
  1000,   one level, together

b. When "yī 一 one" followed by a 4ᵗʰ tone, it should be pronounced as "yí" (2ⁿᵈ tone). But, many people still like to keep using the 1ˢᵗ tone because they think that it is graceful to keep the 1ˢᵗ tone.

yí biàn,   yí yàng, yí kuài
一 遍，   一 样， 一 块
one time,   same, one buck

Qǐng zài shuō **yí biàn**. 请再说一遍。 Please say it again.

5.   Yú fǎ   Grammar
语法

Chinese grammar profoundly reflects the people's cultural background of <u>The Middle Kingdom</u> - China. **Chinese grammar** presents its simple and precise formation (see examples below).

1)   Wǒ men zǒu ba!
       我 们 走 吧!
          Let's go!

Notice that when "ba 吧" appears at the end of the sentence, it denotes a suggestion. And we can also call "ba" a suggestive particle.

2)   Wǒ men shàng kè ba!
       我 们   上 课 吧!
          Let's have our lesson!
       (Let's start our class!)

"Shàng kè 上课" actually means to attend (a) class. "Shàng 上" in Chinese means "up"; it also means "go to" and "start depends on the individual contexts (see below).

3)   Jīn tiān, wǒ shàng bān.
       今 天, 我 上 班。
          Today, I go to work.

       Time + Main Sentence (Subject + Verb)

Please keep in mind that if you remember the above formula, you will eventually get a faster and better result in learning Chinese grammar and have a great sentence structure presentation.

Supplementary Section

1. Let's learn some basic numbers before we move to the next step.

0	1	2	3	4	5	6	7	8	9	10	11	12
líng	yī	èr	sān	sì	wǔ	liù	qī	bā	jiǔ	shí	shí yī	shí èr
零	一	二	三	四	五	六	七	八	九	十	十一	十二

2. Let's learn the formal way to say time. The most important thing to remember is "**2**" is pronounced "**liǎng**" when you express **time/hour**. "**2**" is pronounced "**èr**" only when you **count numbers**.

Xiàn zài jǐ diǎn?
现 在 几 点?
What time is it?

1: 05   Yī **diǎn** líng wǔ **fēn**   * **diǎn** – O'clock
           1   点   0 5   分   * **fēn** – minute(s)

2: 02   Liǎng **diǎn** líng èr **fēn**
           2   点   0 2   分

3: 15   Sān **diǎn** shí wǔ **fēn**
           3   点   1 5   分

5: 30   Wǔ **diǎn** sān shí **fēn**
           5   点   3 0   分

6: 45   Liù **diǎn** sì shí wǔ **fēn**
           6   点   4 5   分

Please practice the formal way to express time: first say "**diǎn** 点" - **O'clock**, then say "**fēn** 分"- **minutes** if any. This is crucial for the business people and the professionals to use the formal way to express time precisely.

3. Now let's learn the informal way to say time expressions. There are some traditional expressions that you must know:

yī kè – a quarter, **bàn** – half (30 minutes), and **sān kè** – 3 quarters.

Xiàn zài jǐ diǎn?
现 在 几 点？
What time is it?

1: 15   Yī   diǎn **yī kè**
             1   点   1 刻
             A quarter past one

1: 30   Yī   diǎn **bàn**
             1   点   半
             One thirty

1: 45   Yī   diǎn **sān kè**
             1   点   3 刻
             Three quarters past one

Nǐ jǐ diǎn chī wǔ fàn? What time (will) you have lunch?
你 几 点 吃 午 饭？

Yī diǎn **bàn**   One thirty   1:30
1   点   半

4. Let's continue to study time expressions in Chinese. Below is an

48

<u>approximate time frame chart</u> showing us from morning to midnight.

Zǎo shàng   3:00 am – 9 am (approximately) ----- Early morning
早　上

Shàng wǔ   9:00 am – 11:59 am ------------------- Business morning
上　午

Zhōng wǔ   12:00 pm – 1:00 pm ------------------ Noon
中　午

Xià wǔ   1:00 pm – 5:59 pm ------------------- Afternoon
下　午

Wǎn shàng   6:00 pm – 11:59 pm ------------------- Evening/Night
晚　上

Bàn yè   12:00 am – 3:00 am (approximately) --- Midnight
半　夜

Exercises for Formal Expressions:

7:00 am	Zǎo shàng	qī **diǎn**	in the early morning at 7:00
9:30 am	Shàng wǔ	jiǔ **diǎn** sān shí **fēn**	in the morning at 9:30
12:00 pm	Zhōng wǔ	shí èr **diǎn**	12: 00 noon
2:00 pm	Xià wǔ	liǎng **diǎn**	in the afternoon at 2:00
3:15 pm	Xià wǔ	sān **diǎn** shí wǔ **fēn**	in the afternoon at 3:15
3:30 pm	Xià wǔ	sān **diǎn** sān shí **fēn**	in the afternoon at 3:30
3:45 pm	Xià wǔ	sān **diǎn** sì shí wǔ **fēn**	in the afternoon at 3:45
7:10 pm	Wǎn shàng	qī **diǎn** shí **fēn**	in the evening at 7:10

Exercises for Informal Expressions:

3:15 pm	Xià wǔ	sān diǎn **yī kè**	In the afternoon at 3:15
3:30 pm	Xià wǔ	sān diǎn **bàn**	In the afternoon at 3:30
3:45 pm	Xià wǔ	sān diǎn **sān kè**	In the afternoon at 3:45

6.   Liàn xí   Exercises
                                 练 习

1) Review and practice the following groups of Pinyin. Place the correct tone mark(s) over each word/phrase and translate:

   a. shi jian   b. xian zai   c. shang ke   d. shang ban

   e. you   f. liang dian   g. jin tian   h. chi wu fan

2) Form a group of 2 to 4 people to read aloud the dialogues of the text (or imagine yourself to play the characters in the text).

3) Make your own sentences out of the following words/phrases and translate each sentence after completing it:

   a. shí jiān   b. xiàn zài   c. jīn tiān   d. chī wǔ fàn
      时 间   现 在   今 天   吃 午 饭
      time   now   today   have lunch

   e. Zǒu ba!   f. hē kā fēi   g. shàng kè   h. yī diǎn bàn
      走 吧!   喝 咖 啡   上 课   一 点 半
      Let's go!   drink coffee   attend a class   1:30

   i. shàng bān   j. bā diǎn yī kè   k. wǔ diǎn líng sān fēn
      上 班   8 点 1 刻   5 点 0 3 分
      start work   8:15   5:03

   l. Jīn tiān zǎo shàng   m. wǒ men hái yǒu   n. shuǐ
      今 天 早 上   我 们 还 有   水
      This morning   we still have   water

4) Shí yòng huì huà
实 用 会 话
Practical Conversation

a. *This is a formal conversation between two business people.*
They are arranging a lunch meeting now.

A: Qǐng wèn, xiàn zài jǐ diǎn?
请 问，现 在 几 点？

B: Shí yī diǎn.
11 点。

A: Zhōu Zǒng-Jīng-Lǐ shí wǔ fēn zhòng hòu jiù dào.
周 总 经 理 15 分 钟 后 就 到。

B: Zhōng wǔ, wǒ qǐng liǎng wèi yì qǐ chī wǔ fàn ba!
中 午，我 请 两 位 一 起 吃 午 饭 吧！

Wǒ men kě yǐ biān chī biān tán.
我 们 可 以 边 吃 边 谈。

A: Hǎo. Qǐng wèn, wǒ men zài nǎ lǐ jiàn?
好。 请 问，我 们 在 那 里 见？

B: Zhōng wǔ shí èr diǎn, zài Ào-Lán-Duō Cān Tīng jiàn!
中 午 12 点，在 奥 蓝 多 餐 厅 见！

A: Xiàn zài, wǒ dǎ diàn huà gào sù tā, zhí jiē qù cān ting.
现 在，我 打 电 话 告 诉 他, 直 接 去 餐 厅。

b. *This is a casual conversation between two good friends.*
   Amy is asking Bonnie to go shopping with her; and Bonnie
   is planning to see the Angelina Jolie's movie.

A: Jīn tiān xià wǔ, nǐ yǒu shí jiān ma?
    今 天 下 午，你 有 时 间 吗？

B: Yǒu.
    有。

A: Wǒ xiǎng hé nǐ yì qì qù mǎi dōng xi. Hǎo ma?
    我 想 和 你 一 起 去 买 东 西。 好 吗？

B: Xiàn zài jǐ diǎn?
    现 在 几 点？

A: Zhōng wǔ shí èr dian bàn.
    中 午　12 点 半。

B: Wǒ xiǎng kàn diàn yǐng. Shì Ān-jí-lì-nà Zhū-lì yàn de.
    我 想 看 电 影。是 安吉丽娜 朱 莉 演 的。

    Wǒ hǎo ài kàn tā de diàn yǐng……
    我 好 爱 看 她 的 电 影…..

A: Nà me, wǒ men yì qǐ qù kàn diàn yǐng ba!
    那 么，我 们 一 起 去 看 电 影 吧！

B: Tài bàng le!   Zǒu ba!
    太 棒 了！ 走 吧！

7. **Dá àn   Answers**
答案

1)   a. shí jiān   b. xiàn zài   c. shàng kè   d. shàng bān
      时 间   现 在   上 课   上 班
      time   now   attend a class   start work

     e. yǒu   f. liǎng diǎn   g. jīn tiān   h. chī wǔ fàn
      有   两 点   今 天   吃 午 饭
      have   2 O'clock   today   have lunch

3)   a. Jīn tiān, nǐ yǒu shí jiān ma?
        今 天，你 有 时 间 吗？
        Today, do you have time?

     b. Xiàn zài jǐ diǎn?
        现 在 几 点？
        What time is it now?

     c. Jīn tiān, wǒ hěn gāo xìng.
        今 天，我 很 高 兴。
        Today, I am very happy.

     d. Mā ma, wǒ men chī wǔ fàn ba!
        妈 妈，我 们 吃 午 饭 吧！
        Mom, let's have lunch!

     e. Wǒ men yì qǐ qù mǎi dōng xi ba! .   Zǒu ba!
        我 们 一 起 去 买 东 西 吧！   走 吧！
        Let's go shopping together!   Let's go!

53

f. Nín <u>hē kā fēi</u> ma?

您 <u>喝 咖 啡</u> 吗？

Do you <u>drink coffee</u>?

g. Wǎn shàng qī diǎn, nǐ men <u>shàng kè</u> ma?

晚 上 7 点，你 们 <u>上 课</u> 吗？

Will you <u>attend a class</u> in the evening at 7 O'clock?

h. Xià wǔ <u>yī diǎn bàn</u>, wǒ shàng bān.

下 午 <u>1 点 半</u>，我 上 班。

I start work in the afternoon at <u>1:30</u>.

i. Zǎo shàng jiǔ diǎn, tā <u>shàng bān</u>.

早 上 9 点，他 <u>上 班</u>。

He <u>starts work</u> at 9 O'clock in the morning.

j. Tā men de diàn yǐng shì <u>bā diǎn yī kè</u> kāi yǎn.

他 们 的 电 影 是 <u>8 点 1 刻</u> 开 演。

Their movie starts at <u>8:15</u>.

k. Xiàn zài <u>wǔ diǎn líng sān fēn</u>.

现 在 <u>5 点 0 3 分</u>。

Now is <u>5:03</u>.

l. <u>Jīn tiān zǎo shàng</u>, wǒ hē chá. Bù hē kā fēi.

<u>今 天 早 上</u>，我 喝 茶。不 喝 咖 啡。

<u>This morning</u>, I drink tea.   (I) don't drink coffee.

m. <u>Wǒ men hái yǒu</u> shí jiān chī zǎo fàn.

<u>我 们 还 有</u> 时 间 吃 早 饭。

<u>We still have</u> time to have breakfast.

n. Wǒ men hē shuǐ ba!
　　我 们 喝 水 吧！
　　Let's drink water!

4)　　Shí yòng huì huà
　　实 用 会 话
　　Practical Conversation

a.　*This is a formal conversation between two business people.
　　They are arranging a lunch meeting now. Mr. Green is inviting
　　Mr. Wang and Mr. Zhou for a lunch meeting.*

A:　Qǐng wèn, xiàn zài jǐ diǎn?
　　请 问，现 在 几点？
　　May I ask, what time is it?

B:　Shí yī diǎn.
　　１１点。
　　１１ O'clock.

A:　Zhōu Zǒng-Jīng-Lǐ   shí wǔ fēn zhòng hòu jiù dào.
　　周 总 经 理 １５ 分 钟 后 就 到。
　　General Manager Zhou will arrive after 15 minutes.

B:　Zhōng wǔ, wǒ qǐng liǎng wèi yì qǐ chī wǔ fàn ba!
　　中 午，我 请 两 位 一 起 吃 午 饭 吧！
　　I will invite two of you to have lunch together at noon!

　　Wǒ men kě yǐ biān chī biān tán.
　　我 们 可 以 边 吃 边 谈。
　　We can have a business discussion while having lunch.

A: Hǎo.　Qǐng wèn, wǒ men zài nǎ lǐ jiàn?
好。　请 问，我 们 在 那 里 见？
Good.　May I ask, where are we going to meet?

B: Zhōng wǔ shí èr diǎn, zài Ào-Lán-Duō Cān Tīng jiàn!
中 午 12 点，在 奥 蓝 多 餐 厅 见！
(We will) meet at 12 noon, at Orlando Restaurant!

A: Xiàn zài, wǒ dǎ diàn huà gào sù tā, zhí jiē qù cān ting.
现 在，我 打 电 话 告 诉 他，直 接 去 餐 厅。
Now, I'll call him and tell him to go to the restaurant directly.

b. *This is a casual conversation between two good friends.*
   Amy is asking Bonnie to go shopping with her; and Bonnie
   is planning to see the Angelina Jolie's movie.

A: Jīn tiān xià wǔ, nǐ yǒu shí jiān ma?
今 天 下 午，你 有 时 间 吗？
This afternoon, do you have time?

B: Yǒu.
有。
I have (time).

A: Wǒ xiǎng hé nǐ yì qǐ qù mǎi dōng xi.　Hǎo ma?
我 想 和 你 一 起 去 买 东 西。 好 吗？
I want to go shopping with you.　　Okay?

B: Xiàn zài jǐ diǎn?
现 在 几 点？
What time is it?

A: Zhōng wǔ shí èr dian bàn.
 中 午 1 2 点 半。
 12:30 pm.

B: Wǒ xiǎng <u>kàn diàn yǐng</u>. Shì Ān-jí-lì-nà Zhū-lì <u>yàn de</u>.
 我 想 <u>看 电 影</u>。是 安吉丽娜 朱 莉 <u>演 的</u>。
 I want to <u>see a movie</u>.   It is <u>starring</u> Angelina Jolie.

 Wǒ hǎo <u>ài</u> kàn tā de diàn yǐng……
 我 好 <u>爱</u> 看 她 的 电 影…..
 I <u>love</u> to watch her movies very much….

A: Nà me, wǒ men yì qǐ <u>qù</u> kàn diàn yǐng ba!
 那 么，我 们 一 起 <u>去</u> 看 电 影 吧！
 Well, let's <u>go to</u> see the movie together!

B: <u>Tài bàng le</u>!   Zǒu ba!
 <u>太 棒 了</u>！ 走 吧！
 <u>So cool</u>!   Let's go!

8.   **Yú nǐ fēn xiǎng   To Share with You**
 与 你 分 享

Grandpa Wu:
Wǔ Yé ye   "Time is money" in Chinese
武 爷 爷

1.   "Time is money", the motto has appeared in a number of the prominent people's works, such as the American President - Benjamin Franklin and the talented Chinese ancient poet -苏轼 Sū Shì.

The original expression of "time is money" in Chinese is: "Yí cùn guāng yīn yí cùn jīn. 一 寸 光 阴 一 寸 金。" It means each minute equals each inch of gold. Today, it is translated in English as "time is money".

2.   Now let's get to know some Chinese business etiquette:

a.   Don't be late when you attend a meeting.
b.   Be sure to shake hands with your Chinese business partners.
c.   Be sure to introduce yourself: Say your name clearly with a smile.
d.   Be well prepared for your meeting. Make sure that you have the Chinese-language presentations about your company and your products.
e.   If you hand out business cards, you should give to the most senior official first. Use both hands when giving and receiving business cards and/or any valuable things.
f.   To have a Chinese name of your own is a very practical approach to help establish a good business relationship. The best way is to ask a native speaker to help create a good name for you. And make sure to have a name which is easy to remember and easy to be pronounced.
g.   Be sure not to give a clock or an umbrella to your Chinese business partner as a gift.

My friend, it is very important for you to remember the Chinese business etiquette. I hope that you will do your best and be successful!

~ Grandpa Wu ~

Lesson 4   Travel
Dì Sì Kè   Lǚ Xíng
第 4 课   旅 行

David and Mary are getting married after dating for 8 months. And they have chosen spending their honeymoon in New York City where David was born. Now they are purchasing the airline tickets.

1.   Kè wén   Text
课 文

Dà wè: Qù Niǔ Yuē lái huí jī piào, <u>duō shǎo qián</u>? Shì <u>liǎng gè rén</u>.

大 卫   去 纽 约 来 回 机 票，<u>多 少 钱</u>？是 <u>两 个 人</u>。

        <u>How much</u> is for the round trip to New York? It's for <u>2 people</u>.

Lǐ: <u>Qǐng wèn</u>, <u>nín yào</u> shén me shí hòu qù?

李   <u>请 问</u>，<u>您 要</u> 什 么 时 候 去？

        <u>May I ask</u>, when <u>will you</u> leave?

        <u>Shén me shí hòu</u>   <u>huí</u>?

        <u>什 么 时 候</u> 回？

        <u>When</u> will you come back?

Dà wèi: Qī yuè bā hào qù.   Bā yuè jiǔ hào huí.

大 卫   7 月 8 号 去。   8 月 9 号 回。

        (We'll) leave on July 8. (And we'll) be back on August 9.

Lǐ: Hǎo. <u>Yí gòng shì</u>:   yì qiān líng sān   měi yuán.

李   好。 <u>一 共</u> 是： 一 千 零 三 美 元。

        Okay.   The <u>total</u> is: $1,003.

Lǐ: Fù xìn yòng kǎ ma?
李   付 信 用 卡 吗?
           (Will you) pay by credit card?

Dà wèi: Fù xìn yòng kǎ.
大 卫   付 信 用 卡。
           (I'll) pay by credit card.

Lǐ: Xiè xie.   Qǐng kàn:
李   谢 谢。   请 看:
           Thank you.   Please look:

           Háng kōng gōng sī – Delta.
           航 空   公 司 – Delta。
           Delta is the airline.

           Háng bān hào – 1019 (yī líng yī jiǔ)
           航 班 号 – 1019。
           1019 is the flight number.

           Zǎo shàng bā diǎn,   qù Niǔ Yuē.
           早 上   8 点,   去 纽 约。
           Departure time to New York is 8:00 in the morning.

           Xià wǔ, wǔ diǎn líng wǔ fēn, dào Niǔ Yuē.
           下 午, 5 点 0 5 分, 到 纽 约。
           Arrival time at New York is 5:05 in the afternoon.

Dà wèi: Tài hǎo le!   Xiè xie.
大 卫   太 好 了!   谢 谢。
           Great!   Thank you.

Lǐ:	Bú kè qi.		Lǚ xíng kuài lè!
李	不 客 气。		旅 行 快 乐!
	You are welcome.		Have a pleasant trip!

David and Mary have just arrived New York City; and now they are walking in the street. They really enjoy everything that they have seen.

Dà wèi:	Niǔ Yuē <u>hěn měi</u>!
大 卫	纽 约 <u>很 美</u>!
	New York City is <u>very beautiful</u>.

Mǎ lì:	Shì a hěn měi!		Wǒ <u>ài</u> Niǔ Yuē.
玛 丽	是 啊 很 美!		我 <u>爱</u> 纽 约。
	Yeah, it's very beautiful!		I <u>love</u> New York City.

	Dà wèi, <u>wǒ yào</u> kàn Bǎi-Lǎo-Huì yīn yuè jù.
	大 卫, <u>我 要</u> 看 百 老 汇 音 乐 剧。
	David, <u>I want</u> to see Broadway musicals.

Dà wèi:	Wǒ yào <u>qù</u> Zhōng-Yāng Gōng-Yuán.
大 卫	我 要 <u>去</u> 中 央 公 园。
	I want to <u>go to</u> Central Park.

Mǎ lì:	Tài hǎo le!
玛 丽	太 好 了!
	Great!

	Xiàn zài, wǒ men qù Zhōng-Yāng Gōng-Yuán ba!
	现 在, 我 们 去 中 央 公 园 吧!
	Now, let's go to Central Park!

Dà wèi: Ha...ha...ha.... <u>Zǒu ba!</u>
大 卫   哈 哈 哈   <u>走 吧</u>!
         Ha...ha...ha.... <u>Let's go!</u>

2.   **Shēng cí Vocabulary**
                          生   词

1)	lǔ xíng	旅行	travel, trip
2)	qù	去	go to, going to, leave
3)	lái	来	come, coming
4)	huí	回	return, come back
5)	jī piào	机票	airline ticket
6)	Duō shǎo qián?	多少钱？	How much?
7)	liàng gè rén	两个人	2 people
8)	yào	要	want, will
9)	shén me shí hòu	什么时候	when
10)	yuè	月	month, moon
11)	hào (rì)	号（日）	number, date
12)	yí gòng	一共	total
13)	qiān	千	thousand

14)	měi yuán (měi jīn)	美元 (美金)	dollar ($)
15)	fù	付	pay
16)	xìn yòng kǎ	信用卡	credit card
17)	háng kōng gōng sī	航空公司	airline(s)
18)	háng bān hào	航班号	flight number
19)	dào	到	arrive, arrival
20)	zǎo shàng	早上	morning
21)	xià wǔ	下午	afternoon
22)	Tài hǎo le!	太好了!	Great! Wonderful!
23)	kuài lè	快乐	happy, pleasant
24)	měi	美	beautiful
25)	ài	爱	love
26)	Niǔ Yuē	纽约	New York City, New York
27)	kàn	看	look, see, watch
28)	Bǎi Lǎo Huì	百老汇	Broadway
29)	yīn yuè	音乐	music

30) yīn yuè jù　　　　　　音乐剧　musical(s)

31) Zhōng Yāng Gōng Yuán 中央公园　　Central Park

32) qǐng wèn　　　　　　　请问　　　　may I ask, may I know

3.　　　　　　　Zhù jiě　Notes
　　　　　　　　　　注 解

1) "Liǎng gè rén 两个人 2 people": Here "2" is pronounced "liǎng". Please remember that when "2" is followed by nouns - people and things, it should be pronounced "liǎng" (not "èr"). Examples:

Liǎng gè　lǎo shī - 2 teachers　　Liǎng bēi　kā fēi - 2 cups of coffee
　两　个　老 师　　　　　　　　两　杯　咖 啡
（2　个　老 师）　　　　　　　（2　杯　咖 啡）

2) "Qī yuè bā hào 7 月 8 号 July 8": In Chinese, you only have to remember the individual numbers when stating the date followed by the month - yuè 月 and the date - hào 号 or rì 日. Examples:

Bā　yuè　yī hào -　It is actually written: **8** month number **1** (date).
　8　月　1　号　　"Hào 号" is used in Spoken Chinese as the
　　August 1　　　　informal expression.

Sān　yuè　wǔ　rì -　It is actually written: **3** month **5** date.
　3　月　5　日　　"Rì 日" is used in both Written and Spoken
　　March 5　　　　Chinese as the formal expression.

A Chart of Months in Chinese

January	Yī yuè	一月	1 月
February	Èr yuè	二月	2 月
March	Sān yuè	三月	3 月
April	Sì yuè	四月	4 月
May	Wǔ yuè	五月	5 月
June	Liù yuè	六月	6 月
July	Qī yuè	七月	7 月
August	Bā yuè	八月	8 月
September	Jiǔ yuè	九月	9 月
October	Shí yuè	十月	10 月
November	Shí yī yuè	十一月	11 月
December	Shí èr yuè	十二月	12 月

What date is today? Jīn tiān jǐ yuè jǐ rì? 今天几月几日？

Today is May 9. Jīn tiān Wǔ yuè jiǔ rì. 今天五月九日。

4.

Pīn yīn hé Sì shēng   Pronunciation

拼 音 和 四 声

Initials   p   k   h   q   y
Finals   ai   ian   uan   iao   ui   ong

1)   piāo   piáo   piǎo   piào
     飘   瓢   漂   票
     float   gourd ladle   bleach   ticket

2)   kōng   kóng   kǒng   kòng
     空   -   孔   控
     space   -   hole   control

3)   huī   huí   huǐ   huì
     辉   回   毁   会
     splendid   return   ruin   can (will)

4)   qiān   qián   qiǎn   qiàn
     千   钱   浅   欠
     thousand   money   shallow   owe

5)   yuān   yuán   yuǎn   yuàn
     渊   园   远   愿
     abyss   garden   far   wish

6)   āi   ái   ǎi   ài
     哀   挨   矮   爱
     sadness   next to   short   love

5. Yú fǎ   Grammar
语 法

Now you will study the usages of "**le** 了". It is an important particle that plays a crucial role in completing an adjectival sentence, past tense and present perfect tense (see examples below).

1)   Tài hǎo **le**!
       太 好 了 !
       Great (Wonderful)!

Notice that "**le** 了" is added at the end of the sentence to complete an adjectival sentence.

2)   Dà wèi qù Niǔ Yuē **le**.
       大 卫 去 纽 约 了。
       David went to New York.

Notice that "**le** 了" is added after the verb with the noun to indicate the past tense - went to New York.

3)   Dà wèi <u>huí lái</u> **le**.
       大 卫 <u>回 来</u> 了。
       David has <u>come back</u> (David came back).

Notice that "**le** 了" is added after the verb and this indicates past tense and present perfect tense depends on the actual context.

4)   Jīn tiān **jǐ** yuè **jǐ** rì?
       今 天 几 月 几 日 ?
       What date is today?

As you know, "**jǐ** 几" is a question word that is for asking the date, day,

and time. It actually means "how many" and it must be placed before the nouns (month, date and time).
Examples:

Jǐ yuè?   Jǐ rì?   Jǐ diǎn?
几 月？   几 日？   几 点？
What month?   What date?   What time?

(5) In Chinese Language, everything has a **measure word**; and "**gè** 个 individual" is the most commonly used measure word.
Examples:

Wǔ **gè** xué shēng.
5 个 学 生。
5 students.

Sān **gè** lǎo shī
3 个 老 师。
3 teachers.

Wǒ men yǒu liù **gè** shǒu jī.
我 们 有 6 个 手机。
We have 6 cell phones.

Tā men yǒu sì **gè** diàn nǎo.
他 们 有 4 个 电 脑。
They have 4 computers.

Nǐ men yǒu bā **gè** péng you.
你 们 有 8 个 朋 友。
You have 8 friends.

6. **Liàn xí Exercises**
练 习

1) Review and practice the following groups of Pinyin. Place the correct tone mark(s) over each word/phrase and translate:

   a. lu xing   b. ji piao   c. duo shao qian   d. qing wen

   e. yi gong   f. mei yuan   g. shen me shi hou   h. nin yao

2) Form a group of 2 to 4 people to read aloud the dialogues of the text (or imagine yourself to play the characters in the text).

3) Make your own sentences out of the following words/phrases and translate each sentence after completing it:

a. lǚ xing	b. lái huí jī piào	c. Niǔ Yuē	d. Qǐng wèn
旅行	来 回 机 票	纽 约	请 问
travel	round trip	New York City	May I ask

e. měi yuán	f. xìn yòng kǎ	g. wǒ yào qù	h. gōng yuán
美 元	信 用 卡	我 要 去	公 园
dollar	credit card	I want to go	park

i. kuài le	j. yīn yuè	k. Bǎi-Lǎo-Huì	l. Tài hǎo le!
快 乐	音 乐	百 老 汇	太 好 了!
happy	music	Broadway	Great!

m. Yī yuè	n. yí gòng	o. liǎng gè lǎo shī	p. qǐng kàn
一 月	一 共	两 个 老 师	请 看
January	total	2 teachers	please look

4)　　Shí yòng huì huà
　　　实　用　会　话
　　　Practical Conversation

a.　This is a conversation between the front-desk clerk and 2 guests.

A:　Qǐng wèn, BBC Kā Fēi Tīng zài nǎ lǐ?
　　　请　问，BBC 咖 啡 厅　在 哪 里？

B:　Zài sān lóu.
　　　在　3　楼。

C:　Qǐng wèn, xǐ-shǒu-jiān zài nǎ lǐ?
　　　请　问，洗 手 间　在 哪 里？

B:　Zài zhè lǐ. (He points the Men's room door for the young man).
　　　在　这 里。

　　　Nán cè-suǒ zài zhè lǐ.
　　　男　厕 所 在 这 里。

A:　Qǐng wèn, nǚ cè-suǒ zài nǎ lǐ?
　　　请　问，女 厕 所 在 哪 里？

(The hotel front desk gentleman points the door across his desk…).

B:　Zài duì miàn.
　　　在　对　面。

A & C:　Xiè xie.
　　　　　谢　谢。

b.　This is a casual conversation between a taxi driver and his guest.

A: Qù nǎ er (Qù nǎ lǐ) ?
    去 哪儿 (去 哪里) ?

B: Běijīng Fàn Diàn.
    北 京 饭 店。

A: Hǎo.   Qǐng shàng chē.
    好。 请 上 车。

B: Xiè xie.
    谢 谢。

A: Nín shì nǎ lǐ rén ?
    您 是 哪 里 人?

B: Wǒ shì Měi guó rén.
    我 是 美 国 人。

A: Nín de Zhōng-wén shuō de hěn hǎo.
    您 的 中 文 说 得 很 好。

B: Xiè xie.   Qǐng wèn, Quán-Jù-Dé zài nǎ er ?
    谢 谢。 请 问, 全 聚 德 在 哪儿?

A: Wáng-Fǔ-Jǐng.
    王 府 井。

B: Zài Běijīng Fàn Diàn fù jìn ma ?
    在 北 京 饭 店 附 近 吗?

A: Shì a.   Quán-Jù-Dé Kǎo Yā shì Běijīng měi-shí.
     是 啊。   全 聚 德 烤 鸭 是 北 京 美 食。

B: Tài hǎo le !   Wǎn shàng, wǒ yào qù Quán-Jù-Dé…..
     太 好 了!   晚 上, 我 要 去 全 聚 德…..

A: Hǎo.   Nín dào le.
     好。   您 到 了。

B: Duō shǎo qián ?
     多 少 钱?

A: Sān-shí bā kuài.
     三 十 八 块。

B: Xiè xie.
     谢 谢。
(The American guest asks the driver come to pick him up again).

B: Jīn tiān wǎn shàng qī diǎn, nín lái jiē wǒ hǎo ma ?
     今 天   晚 上 七 点, 您 来 接 我 好 吗?

A: Hǎo. Qù Quán-Jù-Dé ma ?
     好。 去 全 聚 德 吗?

B: Shì a.
     是 啊。

A: Méi wèn ti.   Wǎn shàng jiàn !
     没 问 题。   晚 上 见!

7. **Dá àn   Answers**
答 案

1) a. lǔ xíng   b. jī piào   c. Duō shǎo qián ?   d. Qǐng wèn
    旅 行   机 票   多 少 钱 ?   请 问
    travel   airline ticket   How much?   May I ask

    e. yí gòng   f. měi yuán   g. Shén me shí hòu ? h. Nín yào
    一 共   美 元   什 么 时 候 ?   您 要
    total   dollar   When?   You want

3) a. Nín yào qù lǔ xíng ma ?
    您 要 去 旅 行 吗?
    Do you want to travel?

    b. Cóng Luò-Shān-Jī qù NiǔYuē lái huí jī piào duō shǎo qián ?
    从 洛 杉 矶 去 纽 约 来回机票 多 少 钱 ?
    How much is for the round trip from L.A. to New York City?

    c. Wǒ men ài Niǔ Yuē.
    我 们 爱 纽 约。
    We love New York City.

    d. Qǐng wèn, nǐ shì Měi guó rén ma ?
    请 问, 你 是 美 国 人 吗 ?
    May I ask, are you American?

    e. Zhèi gè bā měi yuán.
    这 个 8 美 元。
    This is 8 dollars.
    (This one is $ 8.00).

73

f. Wǒ fù <u>xìn yòng kǎ</u>.
    我 付 <u>信 用 卡</u>。
    I pay by <u>credit card</u>.

g. <u>Wǒ yào qù</u> Zhōng guó.
    <u>我 要 去</u> 中 国。
    <u>I want to go to</u> China.

h. Zhèi gè <u>gōng yuán</u> hěn měi.
    这 个 <u>公 园</u> 很 美。
    This <u>park</u> is very beautiful.

i. Shēng rì <u>kuài lè</u> !
    生 日 <u>快 乐</u>!
    <u>Happy</u> birthday!

j. Tā ài <u>yīn yuè</u>.
    他 爱 <u>音 乐</u>。
    He loves <u>music</u>.

k. Wǒ men qù kàn <u>Bǎi-Lǎo-Huì</u> yīn yuè jù ba!
    我 们 去 看 <u>百 老 汇</u> 音 乐 剧 吧!
    Let's go to see <u>Broadway</u> musicals!

l. <u>Tài hǎo le</u> ! Nǐ qù Yīng guó <u>shàng dà xué</u>.
    <u>太 好 了</u>! 你 去 英 国 <u>上 大 学</u>。
    <u>Great</u>! You (will) <u>attend the university</u> in England.

m. Wǒ de shēng rì shì <u>Yī yuè</u> yī rì.
    我 的 生 日 是 <u>一 月</u> 一 日。
    My birthday is <u>January</u> 1.

n. Yí gòng shì wǔ shí měi yuán.
一 共 是 五 十 美 元。
The <u>total</u> is 50 dollars.

o. Nǐ mén yǒu <u>liǎng gè lǎo shī</u>.
你 们 有 <u>两 个 老 师</u>。
You have <u>2 teachers</u>.

p. <u>Qǐng kàn</u> ! Zhèi shì wǒ de <u>xué xiào</u>.
<u>请 看</u>! 这 是 我 的 <u>学 校</u>。
<u>Please look</u>! This is my <u>school</u>.

4) Shí yòng huì huà
实 用 会 话
Practical Conversation

a. *This is a conversation between the front-desk clerk and 2 guests.*

A: Qǐng wèn, BBC Kā Fēi Tīng <u>zài nǎ lǐ</u>?
请 问, BBC 咖 啡 厅 <u>在 哪 里</u>?
May I ask, <u>where is</u> BBC Café?

B: Zài sān lóu.
在 3 楼。
It is on the 3rd floor.

C: Qǐng wèn, <u>xǐ-shǒu-jiān</u> zài nǎ lǐ ?
请 问, <u>洗 手 间</u> 在 哪 里?
May I ask, where is the <u>bathroom</u>?

B: <u>Zài zhè lǐ</u>. (He points the men's restroom).
<u>在 这 里</u>。
<u>It is here</u>.

B: Nán cè-suǒ zài zhè lǐ.
    男 厕 所 在 这 里。
    The men's restroom is over here.

A: Qǐng wèn, nǚ cè-suǒ zài nǎ lǐ ?
    请 问, 女 厕 所 在 哪 里?
    May I ask, where is the ladies' room?

(The hotel front desk gentleman points the door across his desk…).

B: Zài duì miàn.
    在 对 面。
    It is across (from here).

A & C: Xiè xie.
        谢 谢。
        Thanks.

b. *This is a casual conversation between a taxi driver and his guest.
    Please pay attention to the following choices to use both ways –
    "Qù nǎ er 去哪儿" and "Qù nǎ lǐ 去哪里"for the same question–
    "Where are you going?" "Qù nǎ er 去哪儿"is used in Beijing as a
    vernacular expression. And today in China, it is used everywhere in
    Spoken Chinese.*

A: Qù nǎ er (Qù nǎ lǐ) ?
    去 哪儿(去 哪 里) ?
    Where are you going?

B: Běijīng Fàn Diàn.
    北 京 饭 店。
    Beijing Hotel.

A: Hǎo. Qǐng shàng chē.
好。 请 上 车。
Okay. Please get in the car.

B: Xiè xie.
谢 谢。
Thanks.

(The American man gets in the taxi quickly. And the driver is very friendly. He starts to chat with his guest… Surprisingly, he finds out that this American guest speaks Chinese very well…).

A: Nín shì nǎ lǐ rén ?
您 是 哪 里 人?
What is your nationality? (Where are you from?)

B: Wǒ shì Měi guó rén.
我 是 美 国 人。
I am American.

A: Nín de Zhōng-wén shuō de hěn hǎo.
您 的 中 文 说 得 很 好。
You speak Chinese very well.

B: Xiè xie. Qǐng wèn, Quán - Jù - Dé zài nǎ er ?
谢 谢。 请 问, 全 聚 德 在 哪 儿?
Thanks. May I ask, where is Quan-Ju-De restaurant?

A: Wáng-Fǔ-Jǐng.
王 府 井。
(It's in) Wang-Fu-Jing.

B: Zài Běijīng Fàn-Diàn <u>fù jìn</u> ma ?
在 北 京 饭 店 附 近 吗?
Is it <u>near</u> Beijing Hotel?

A: Shì a.   Quán-Jù-Dé <u>Kǎo Yā</u>   shì Běijīng <u>měi shí</u>.
是 啊。   全 聚 德 烤 鸭 是 北 京 美 食。
Yeah.   Quan-Ju-De <u>Roast Duck</u> is Beijing's <u>delicacy</u>.

B: Tài hǎo le !   <u>Wǎn shàng</u>, wǒ yào qù   Quán-Jù-Dé…..
太 好 了!   晚 上, 我 要 去 全 聚 德....
Great!   This <u>evening</u>, I will go to Quan-Ju-De….

A: Hǎo.   Nín <u>dào le</u>.
好。 您 到 了。
Okay. You <u>have arrived</u>.

B: Duō shǎo qián ?
多 少 钱?
How much is it?

A: Sān-shí bā kuài.
三 十 八 块。
Thirty eight yuan.

B: Xiè xie.
谢 谢。
Thanks.
(The American guest asks the driver come to pick him up again).

B: Jīn tiān wǎn shàng qī diǎn, nín <u>lái   jiē   wǒ</u> hǎo ma ?
今 天 晚 上 七 点, 您 来 接 我 好 吗?
Will you <u>come to pick me up</u> this evening at 7 O'clock?

A: Hǎo. Qù Quán-Jù-Dé ma ?
好。 去 全 聚 德 吗 ?
Okay. Are you going to Quan-Ju-De?

B: Shì a.
是 啊。
Yeah.

A: <u>Méi wèn ti.</u>   Wǎn shàng jiàn !
<u>没 问 题。</u>   晚 上 见 !
<u>No problem.</u>   See you in the evening!

8.   **Yú nǐ fēn xiǎng   To Share with You**
                         与 你 分 享

Grandpa Wu:
Wǔ Yé ye   Do you know Quan-ju-de Beijing Roast Duck?
武 爷 爷

　　Quan-ju-de (Quán-jù-dé 全聚德) is a famous roast duck restaurant in Beijing, China. It is known for its trademark Quan-ju-de Beijing Roast Duck (Quán-jù-dé Běi-jīng Kǎo-yā 全聚德北京烤鸭); it is also known for its outstanding culinary heritage since 1864. Today, it has eight branches in the city of Beijing. Quan-ju-de Beijing Roast Duck is Beijing's delicacy that has established a history in serving a variety of important official banquets throughout Chinese history.

　　Premier Zhou Enlai (周恩来) introduced Beijing Roast Duck to Doctor Henry Kissinger when he first visited China. President Nixon was also invited by Premier Zhou Enlai to the Sino-American Banquet when he visited Beijing, China in 1972. In the banquet, Beijing Roast Duck was served as a national delicacy to the

American President Richard Nixon and his delegation.

In recent years, Quan-ju-de Beijing Roast Duck has become one of the favorite dishes among the well-known American first families, such as Bush Family and Clinton family.

Quan-ju-de Beijing Roast Duck's preparation is very unique. It uses open ovens and non-smoky hardwood fuel; then it adds peaches, pears and dates to create an enticing fruity flavor with a golden crisp skin to the duck (yet, the meat of the duck is still quite tender). It was originally only served to the emperor and his imperial families.

Today, it is available for all kinds of people like you and me. I still remember that I had some opportunities to visit Quan-ju-de Restaurant, and I truly enjoyed Quan-ju-de Beijing Roast Duck. The fond memories of having Quan-ju-de Beijing Roast Duck will always linger on my mind....

My friend, if you go to Beijing, please remember to stop by Quan-ju-de 全聚德 and enjoy some Bejing Roast Duck 北京烤鸭 there. I am sure you will enjoy the delicacy as I do.

~ Grandpa Wu ~

Lesson 5   Going to a Restaurant
Dì Wǔ Kè   Qù   Fàn Guǎn
第 5 课   去 饭 馆

1.   Kè wén Text
                    课 文

David and Mary are going to a Chinese restaurant in New York City's Chinatown. They are looking forward to have some delicious food here.

Lù lu: Huān yíng guáng lín !
璐 璐   欢   迎   光   临!
                Welcome to the restaurant!

                Jǐ wèi ?
                几 位?
                How many people?

Dà wèi: Liǎng wèi.
大 卫   两   位。
                Two people.

Lù lu: Zhè lǐ qǐng.
璐 璐   这 里 请。
                Here please.

Dà wèi/ Mǎ lì: Xiè xie.
大 卫 / 玛 丽   谢 谢。
                Thank you.

Now David and Mary are being seated in the cozy dining room.

Lì li: Nǐ men hǎo !   Nǐ men <u>yào</u> hē shén me ?
丽丽   你 们 好!   你 们 <u>要</u> 喝 什 么?
            Hello!   What do you <u>want</u> to drink?

Dà wèi: <u>Pí jiǔ.</u>   <u>Liǎng píng</u> Qīng-dǎo Pí Jiǔ.
大卫   <u>啤酒。</u>   <u>两 瓶</u> 青 岛 啤 酒。
            <u>Beer.</u>   <u>Two bottles</u> of Tsingtao Beer.

Lì li: Hǎo.   Wǒ mǎ shàng lái.
丽丽   好。   我 马 上 来。
            Okay.   I will be right back. (Lili comes back quickly).

Lì li: Liǎng píng Qīng-dǎo Pí Jiǔ.
丽丽   两 瓶 青 岛 啤 酒。
            Two bottles of Tsingtao Beer.

Dà wèi: Xiè xie.
大卫   谢 谢。
            Thanks.

Mǎ lì: <u>Qǐng wèn,</u> <u>yǒu</u> Shàng-hǎi <u>Xiǎo Lóng Bāo</u> ma ?
玛丽   <u>请 问,</u>   <u>有</u> 上 海 <u>小 笼 包</u> 吗?
            <u>May I ask</u>, do you <u>have</u> Shanghai <u>Small Steamed Buns</u>?

Lì li: <u>Duì bù qǐ.</u>   <u>Gāng</u> mài wán.
丽丽   <u>对 不 起。</u>   <u>刚</u> 卖 完。
            <u>I am sorry</u>.   We <u>just</u> sold out all of them.

Mǎ lì: <u>Méi guān xi.</u>
玛丽   <u>没 关 系。</u>
            <u>That's alright.</u>

Lì li: Wǒ men yǒu Shàng-hǎi Shēng Jiān Bāo.
丽丽   我 们 有 上 海 生 煎 包。
We have Shanghai Pan Fried Buns.

Mǎ lì: Hǎo.   Qǐng gěi wǒ men yí kè Shēng Jiān Bāo.
玛丽   好。   请 给 我 们 一 客 生 煎 包。
Good. Please give us one order of the Pan Fried Buns.

Dà wèi: Wǒ lái diǎn cài ba.
大卫   我 来 点 菜 吧。
Let me order (the dishes).

        Dòu Bàn Yú Piàn.
        豆 瓣 鱼 片。
        Fish Fillet with Hot Bean Sauce.

        Má Pó Dòu Fu hé Qīng Chǎo Dòu Miáo.
        麻 婆 豆 腐 和 清 炒 豆 苗。
        Mapo Tofu and Stir-fried Pea Pods Leaves.

        Liǎng wǎn bái fàn.
        两 碗 白 饭。
        Two bowls of white rice.

Lì li: Hái yào shén me ?
丽丽   还 要 什 么?
What else do (you) want?

Dà wèi: Jiù zhèi yàng.   Xiè xie.
大卫   就 这 样。   谢 谢。
       That's it.   Thanks.

Lì li: Bú kè qi.
丽丽   不 客 气。
            You are welcome.

Dà wèi: Mǎ lì,   gān bēi !
大 卫   玛 丽， 干 杯！
            Mary, cheers!

Mǎ lì: Gān bēi !
玛 丽   干 杯 !
            Cheers!

Lì li: Shàng-hǎi Shēng Jiān Bāo.   (*Now the appetizer comes*).
丽丽   上 海   生   煎   包。
            Shanghai Pan Fried Buns.

Mǎ lì/ Dà wèi: Hǎo chī !   Hǎo chī !
玛 丽/大 卫   好   吃 !   好   吃!
                    (It's) delicious!   (It's) delicious!

2.   Shēng cí Vocabulary
            生   词

1)   fàn guǎn   饭馆   restaurant, café

2)   huān yíng   欢迎   welcome

3)   guāng lín   光临   to come

4)   Jǐ wèi ?   几位？   How many people?

5)	zhèi lǐ	这里	here
6)	xiǎng	想	think, would like to (want)
7)	hē	喝	drink
8)	píng	瓶	bottle
9)	pí jiǔ	啤酒	beer
10)	mǎ shàng	马上	immediately, at once
11)	yǒu	有	have
12)	méi yǒu	没有	do not have (don't have)
13)	Shàng-hǎi	上海	Shanghai
14)	Xiǎo Lóng Bāo	小笼包	Small Steamed Bun(s)
15)	Shēng Jiān Bāo	生煎包	Pan Fried Bun(s)
16)	gěi	给	give
17)	cài	菜	dish
18)	diǎn cài	点菜	to order dishes
19)	kè	客	guest, measure word for per order
20)	yú	鱼	fish

21)	wǎn	碗	bowl
22)	Dòu Bàn Yú Piàn	豆瓣鱼片	Fish Fillet with Hot Bean Sauce
23)	Má Pó Dòu Fu	麻婆豆腐	Mapo Tofu
24)	hé	和	and
25)	Qīng Chǎo Dòu Miáo	清炒豆苗	Stir-fried Pea Pods Leaves
26)	fàn	饭	cooked rice, meal
27)	hái yào	还要	also want, still want
28)	jiù zhèi yàng	就这样	that's all, that's it
29)	Gān bēi !	干杯 !	Cheers! Bottom(s) up!
30)	chī	吃	eat
31)	hǎo chī	好吃	delicious
32)	bái fàn	白饭	white rice
33)	gāng	刚	just
34)	mài wán	卖完	sold out
35)	duì bù qǐ	对不起	(I'm) sorry, excuse me
36)	méi guān xi	没关系	that's alright

3.   **Zhù jiě   Notes**
                             注 解

1)   "Huān yíng guāng lín !" 欢迎光临! "Welcome to come (here)!"
It is a traditional expression for welcoming the guests to the places,
such as restaurants, shops, schools, homes and any events. You will
often hear it when you go to a Chinese restaurant.

2)   "Jǐ wèi ?" 几位？ "How many people?" Here "wèi 位" is a
measure word. It is specially used for people to show respect;
it is not used for pets or any other objects. For example:

Wǒ men yǒu sān wèi lǎo shī.

我 们 有 三 位 老 师。

We have three teachers.

3)   "Liǎng píng Qīng-dǎo Pí Jiǔ." 两瓶青岛啤酒。 "Two bottles of
Tsingtao Beer." Here "píng 瓶" means "bottle" that is the
measure word for beer or beverages.

4)   "Nǐ men <u>yào</u> hē shén me ?" 你们<u>要</u>喝什么？ "What do you <u>want</u>
to drink?" This is one of the key sentences that is used among the
servers (waiters/waitresses) in the Chinese restaurants. Sometimes,
you may also hear this sentence: "Nǐ men <u>xiǎng</u> hē shēn me ?"
你们<u>想</u>喝什么？ "What <u>would you like</u> to drink?" Here "<u>xiǎng 想</u>"
means <u>would like to</u>; it is a gentle expression comparing "<u>yào 要</u>
<u>want</u>". "<u>Yào 要 want</u>" is a stronger and more direct expression; it is
usually used among people in China.

5)   "Hǎo chī. Hǎo chī." 好吃。好吃。 "It's delicious. It's delicious."
Noticed that the expression above is combined with two short
phrases. In Spoken Chinese, you may call it "double expression".

Throughout the Chinese history, Chinese people have used double expression in their daily communications to show their sincerity. It has deeply rooted in Chinese culture. For example:

Dà wèi, màn man hē.   Màn màn hē.
大 卫， 慢 慢 喝。   慢   慢   喝。
  David, enjoy it.   Enjoy it (take your time to drink it).

4.   **Pīn yīn hé Sì shēng   Pronunciation**
               拼 音 和 四 声

Initials	m	h	c	zh	ch	sh
Finals	iao	uang	ai	e	i	eng

1)   miāo   miáo   miǎo   miào
       喵   苗   渺   妙
       mew   sprout   uncertain exquisite

2)   huāng   huáng   huǎng   huàng
       荒   黄   谎   晃
       barren   yellow   a lie   shake

3)   cāi   cái   cǎi   cài
       猜   才   彩   菜
       guess   talent   colorful dish

4)   zhē   zhé   zhě   zhè
       遮   哲   者   这
       cover   philosophy person   this

5)	chī	chí	chǐ	chì
	吃	池	尺	斥
	eat	pond	ruler	scold

6)	shēng	shéng	shěng	shèng
	生	绳	省	盛
	birth	rope	province	prosperity

5.   Yú fǎ   Grammar
语 法

As you have learned that in Chinese Language, everything has a **measure word**; now let's continue to study more measure words with some new words/phrases of food.

1) Yì **bēi** kā fēi   Yì **bēi** bīng shuǐ   Yì **bēi** chá
   一 **杯** 咖啡   一 **杯** 冰 水   一 **杯** 茶
   A **cup** of coffee   A **glass** of iced water   A **cup** of tea

Noticed that "bēi 杯" means cup and glass.

2) Yì **wǎn** tāng   Yì **wǎn** miàn   Yì **wǎn** fàn
   一 **碗** 汤   一 **碗** 面   一 **碗** 饭
   A **bowl** of soup   A **bowl** of noodles   A **bowl** of rice

3) Yì **pán** jiǎo zi   Yì **pán** chǎo nián gāo
   一 **盘** 饺子   一 **盘** 炒 年 糕
   A **plate** of dumplings   A **plate** of pan fried New Year cake

     Yì **pán** chǎo miàn   Yì **pán** shū cài jī ròu
     一 **盘** 炒 面   一 **盘** 蔬 菜 鸡 肉
   A **plate** of pan fried noodles   A **plate** of vegetables with chicken

4) Yì **píng** pí jiǔ   Yì **píng** liè jiǔ   Yì **píng** hóng pú táo jiǔ
   一　瓶　啤酒   一　瓶　烈酒   一　瓶　红　葡　萄　酒
   A **bottle** of beer   A **bottle** of liquor A **bottle** of red wine

      Yì　**píng**　kuàng quán shuǐ   Yì　**píng**　chéng zhī
      一　瓶　矿　泉　水   一　瓶　橙　汁
    A **bottle** of mineral water   A **bottle** of orange juice

Supplementary Section

In this section, you will have an opportunity to study more about food, beverages and fruit in Chinese. It will be very helpful for those who often travel to China to know the names of the food in Chinese.

Cài dān　(Shí　wù)
菜　单　(食　物)
Menu　(Food)

Hǎi　xiān
海　鲜
Seafood

yú	xiā	lóng xiā	gān bèi	páng xiè	gé lí
鱼	虾	龙 虾	干 贝	螃 蟹	蛤 蜊
fish	shrimp	lobster	scallop	crab	clam

Ròu
肉
Meats

niú ròu	niú pái	zhū ròu	zhū pái	huǒ tuǐ	yáng ròu
牛 肉	牛 排	猪 肉	猪 排	火 腿	羊 肉
beef	beef steak	pork	pork chop	ham	lamb

Qín ròu
禽 肉
Poultry

jī	jī ròu	yā	yā ròu	huǒ jī	huō jī ròu
鸡	鸡 肉	鸭	鸭 肉	火 鸡	火 鸡 肉
chicken	chicken meat	duck	duck meat	turkey	turkey meat

Shū cài
蔬 菜
Vegetables

qīng cài	bō cài	huā cài
青 菜	菠 菜	花 菜
bok choy	spinach	cauliflower

juǎn xīn cài	hú luó bo	huáng guā
卷 心 菜	胡 萝 卜	黄 瓜
cabbage	carrot	cucumber

mó gū	xī hōng shì	tǔ dòu
蘑 菇	西 红 柿	土 豆
mushroom	tomato	potato

yù mǐ	yáng cōng	là jiāo	dòu fu
玉 米	洋 葱	辣 椒	豆 腐
corn	onion	chili pepper	tofu

qīng jiāo	sì jì dòu	cōng	xī lán huā
青 椒	四 季 豆	葱	西 兰 花
green pepper	string bean	green onion	broccoli

Shuǐ guǒ
水　果
Fruit

píng guǒ	chéng zi	táo zi	xī guā	níng méng
苹　果	橙　子	桃　子	西瓜	柠　檬
apple	orange	peach	water melon	lemon

pú táo	pú táo yòu	cǎo méi	lán méi	lí	xiāng jiāo
葡萄	葡萄柚	草莓	蓝莓	梨	香　蕉
grapes	grapefruit	strawberry	blueberry	pear	banana

Yǐn liào
饮料
Beverages

shuǐ	bīng shuǐ	kuàng quán shuǐ	sū dǎ shuì
水	冰　水	矿　泉　水	苏　打　水
water	ice water	mineral water	sparkling water

guǒ zhī	chéng zhī	píng guǒ zhī	pú táo zhī
果汁	橙　汁	苹　果　汁	葡萄汁
fruit juice	orange juice	apple juice	grape juice

chá	bīng chá	rè chá	lǜ chá	hóng chá
茶	冰茶	热茶	绿茶	红茶
tea	iced tea	hot tea	green tea	black tea

kě lè	xuě bì	kā fēi	bīng kā fēi	niú nǎi	dòu nǎi
可乐	雪碧	咖啡	冰　咖　啡	牛　奶	豆　奶
Coke	Sprite	coffee	iced coffee	milk	soy milk

Jiǔ lèi
酒类
Alcoholic Drinks

liè jiǔ
烈 酒
liquor

mǐ jiǔ
米 酒
rice wine

pí jiǔ
啤 酒
beer

jī wěi jiǔ
鸡 尾 酒
cocktail

pú táo jiǔ
葡 萄 酒
grape wine

hóng pú táo jiǔ
红 葡 萄 酒
red grape wine

bái pú táo jiǔ
白 葡 萄 酒
white grape wine

méi zǐ jiǔ
梅 子 酒
plum wine

fèn jiǔ
汾 酒
Chinese white liquor

máo tái jiǔ
茅 台 酒
famous Chinese liquor

Tián diǎn xīn
甜 点 心
Dessert(s)

dàn gāo
蛋 糕
cake

qiǎo kè lì dàn gāo
巧 克 力 蛋 糕
chocolate cake

qǐ sī dàn gāo
起 司 蛋 糕
cheese cake

bīng qí lín
冰 淇 淋
ice cream

xiāng cǎo bīng qí lín
香 草 冰 淇 淋
vanilla ice cream

qiǎo kè lì bīng qí lín
巧 克 力 冰 淇 淋
chocolate ice cream

tián bǐng
甜 饼
cookie

shuǐ guǒ
水 果
fruit

hóng dòu tāng
红 豆 汤
red bean soup

suān nǎi
酸 奶
yogurt

6. **Liàn xí   Exercises**
　　　　　练 习

1) Review and practice the following groups of Pinyin. Place the correct tone mark(s) over each word/phrase and translate:

a. fan guan　　　b. huan ying　　　c. ji wei　　　d. liang

e. zhe li qing　　f. yao shen me　　g. pi jiu　　　h. lai

2) Form a group of 2 to 4 people to read aloud the dialogues of the text (or imagine yourself to play the characters in the text).

3) Make your own sentences out of the following words/phrases and translate each sentence after completing it:

a. Nǐ yào…..　　b. pí jiǔ　　c. yǒu　　d. Má Pó Dòu Fu
你 要 …..　　　啤 酒　　　有　　　麻 婆 豆 腐
You want…　　　beer　　　have　　Mapo Tofu

e. Qǐng gěi wǒ…..　f. yú piàn　　g. Duì bù qǐ.　　h. Hǎo chī!
请 给 我…..　　　鱼 片　　　对 不 起。　好 吃!
Please give me…　fish fillet　　I am sorry.　(It's) delicious!

i. gān bēi　　　j. Jiù zhèi yàng　　　k. màn man chī
干 杯　　　　就 这 样。　　　慢 慢 吃
cheers　　　That's all (That's it).　　to enjoy the food

4) Shí yòng huì huà
实 用 会 话
Practical Conversation

a. *This is a formal conversation between the restaurant manager (A), the waiter (W) and two guests (B and C). Please pay attention for the expressions which are used in the restaurant. Please practice by utilizing them when you go to a Chinese restaurant.*

A: Huān yíng guāng lín!   Jǐ wèi?
    欢 迎 光 临!   几 位?

B: Liǎng wèi.
    两 位。

A: Zhè lì qǐng.
    这 里 请。

W: Liǎng wèi yào hē shén me?
    两 位 要 喝 什 么?

B: Qǐng gěi wǒ yī bēi kā fēi.
    请 给 我 一 杯 咖啡。

C: Qǐng gěi wǒ yī píng Qīng-dǎo Pí Jiǔ.
    请 给 我 一 瓶 青 岛 啤酒。

W: Liǎng wèi yào diǎn shén me ?
    两 位 要 点 什 么?

B: <u>Gōng Bǎo Jī</u>,   qǐng <u>bú yào fàng wèi jīng</u>.
    <u>宫 保 鸡</u>,   请 <u>不 要 放 味 精</u>。

C: <u>Cōng Bào Niú Ròu</u> hé Má Pó Dòu Fu.
    <u>葱 爆 牛 肉</u> 和 麻 婆 豆 腐。

W: Qǐng wèn, hái yào shén me ?
    请 问，还 要 什 么？

C: Jiù zhèi yàng.   Xiè xie.
    就 这 样。   谢 谢。

W: Bú kè qi.
    不 客 气。

b. *This is a casual conversation between a fast food server and his customer who is here to order some food.*

A: Nǐ yào shén me?
    你 要 什 么？

B: <u>Zhèi ge</u> hé <u>nèi ge</u> (*He points the food on the right and left*).
    <u>这 个</u> 和 <u>那 个</u>。

A: Hái yào shén me?
    还 要 什 么？

B: Yǒu Xiǎo Lóng Bāo ma?
    有 小 笼 包 吗？

A: Méi yǒu.   Hái yào shén me?
    没 有。   还 要 什 么？

B: Yì píng shuǐ.   Xiè xie.
    一 瓶 水。   谢 谢。

7.   **Dá àn   Answers**
                          答案

1) a. fàn guǎn   b. huān yíng   c. Jǐ wèi?   d. liǎng
       饭 馆   欢 迎   几 位?   两
       restaurant   welcome   How many people?   two

    e. Zhè lǐ qǐng   f. Yào shén me?   g. pí jiǔ   h. lái
       这 里 请   要 什 么?   啤 酒   来
       Here please   What do you want?   beer   come

3) a. <u>Nǐ yào</u> shuǐ ma?
       <u>你 要</u> 水 吗?
       <u>Do you want</u> water?

3) b. Nǐ hē Qīng-dǎo <u>Pí Jiǔ</u> ma?
       你 喝 青 岛 <u>啤 酒</u> 吗?
       Do you drink Tsingtao <u>Beer</u>?

    c. Tā <u>yǒu</u> chá ma?
       他 <u>有</u> 茶 吗?
       Does he <u>have</u> tea?

    d. Wǒ yào <u>Má Pó Dòu Fu</u>.
       我 要 <u>麻 婆 豆 腐</u>。
       I want <u>Mapo Tofu</u>.

    e. <u>Qǐng gěi wǒ</u> yì bēi kā fēi.
       <u>请 给 我</u> 一 杯 咖 啡。
       <u>Please give me</u> a cup of coffee.

f. Zhèi gè <u>yú piàn</u> hǎo chī.
这 个 <u>鱼 片</u> 好 吃。
This <u>fish fillet</u> is delicious.

g. <u>Duì bù qǐ</u>.   Wǒ méi yǒu bīng chá.
<u>对 不 起</u>。 我 没 有 冰 茶。
<u>I am sorry</u>.   I don't have iced tea.

h. Zhèi gè <u>hǎo chī, hǎo chī</u> !
这 个 <u>好 吃, 好 吃</u>！
This is <u>delicious, delicious</u>!

i. Ān nà, <u>gān bēi</u> !
安 娜, <u>干 杯</u>！
Anna, <u>cheers</u>!

j. <u>Jiù zhèi yàng</u>.   Wǒ men hē ba !
<u>就 这 样</u>。 我 们 喝 吧！
<u>That's it.</u>   Let's drink!

k. Qǐng <u>màn man chī</u>.
请 <u>慢 慢 吃</u>。
Please <u>enjoy the food</u>.

4)   Shí yòng huì huà
     实 用 会 话
     Practical Conversation

*a. This is a formal conversation between the restaurant manager (A),
the waiter (W) and two guests (B and C). Please pay attention for
the expressions which are used in the restaurant. Please practice
by utilizing them when you go to a Chinese restaurant.*

A: Huān yíng guāng lín!　Jǐ wèi?
欢 迎 光 临!　几 位?
Welcome to the restaurant!　How many people?

B: Liǎng wèi.
两 位。
Two people

A: Zhè lì qǐng.
这 里 请。
Here please.

W: Liǎng wèi yào hē shén me?
两 位 要 喝 什 么?
What do you (the two of you) want to drink?

B: Qǐng gěi wǒ yī bēi kā fēi.
请 给 我 一 杯 咖 啡。
Please give me a cup of coffee.

C: Qǐng gěi wǒ yī píng Qīng-dǎo Pí Jiǔ.
请 给 我 一 瓶 青 岛 啤 酒。
Please give me a bottle of Tsingtao Beer.

W: Liǎng wèi yào diǎn shén me ?
两 位 要 点 什 么?
What do you (the two of you) want to order?

B: Gōng Bǎo Jī,　qǐng bú yào fàng wèi jīng.
宫 保 鸡,　请 不 要 放 味 精。
 Kung Pao Chicken, plcase do not put MSG.

C: <u>Cōng Bào Niú Ròu</u> hé Má Pó Dòu Fu.
　　<u>葱 爆 牛 肉</u> 和 麻 婆 豆 腐。
　　<u>Green Onion with Beef</u> and Mapo Tofu.

W: Qǐng wèn, hái yào shén me ?
　　请 问，还 要 什 么？
　　May I ask, what else do you want?

C: Jiù zhèi yàng. 　　Xiè xie.
　　就 这 样。 　　谢 谢。
　　　That's all. 　　Thank you.

W: Bú kè qi.
　　不 客 气。
　　You are welcome.

b. This is a casual conversation between a fast food server and his customer who is ready to order some food.

A: Nǐ yào shén me?
　　你 要 什 么？
　　What do you want?

B: <u>Zhèi ge</u> hé <u>nèi ge</u> (*He points the food on the right and left*).
　　<u>这 个</u> 和 <u>那个</u>。
　　This one and that one.

A: Hái yào shén me?
　　还 要 什 么？
　　What else do (you) want?

B:　Yǒu Xiǎo Lóng Bāo ma?
　　有　小　笼　包　吗？
　　Do (you) have the Small Steamed Buns?

A:　Méi yǒu.　　　Hái yào shén me?
　　没 有。　　　还　要　什　么？
　　(We) don't have.　What else do (you) want?

B:　Yì píng shuǐ.　　Xiè xie.
　　一　瓶　水。　　谢 谢。
　　A bottle of water.　Thanks.

8.　　　　**Yú nǐ fēn xiǎng　To Share with You**
　　　　　　与　你　分　享

Grandpa Wu:
Wǔ Yé ye　　　**Chinese Cuisine**
武 爷 爷

　　Chinese Cuisine is deeply related with Chinese history. It has created by a variety of styles; it has had a history of a great development. The development and creation of Chinese Cuisine are representatives of every unique dynasty in Chinese history. The art of food preparation reached its peak during the Qing Dynasty (Qīng Cháo 清朝 1644 -1911). Today, the banquet called Man Han Full Feast (Mǎn Hàn Quán Xí 满汉全席) gathers all the best of Chinese dishes with distinctive flavors and enticing presentations. You may enjoy seeing it from a movie or a TV show.

　　Chinese Cuisine has a large amount of styles from different provinces or regions of China. However, the most well-known styles are the eight cuisine styles which are called the "Great

101

Eight Cuisine Systems" (Bā Dà Cài Xì 八大菜系).

They are: Sichuan Cuisine (Chuān Cài 川菜), Shandong Cuisine (Lǔ Cài 鲁菜), Cantonese Cuisine (Yuè Cài 粤菜), Zhejiang Cuisine (Zhè Cài 浙菜), Jiangsu Cuisine (Sū Cài 苏菜), Hunan Cuisine (Xiāng Cài 湘菜), Anhui Cuisine (Huī Cài 徽菜) and Fujian Cuisine (Mǐn Cài 闽菜).

In the United States today, the Cantonese Cuisine (Yuè Cài 粤菜), Sichuan Cuisine (Chuān Cài 川菜), Zhejiang Cuisine (Zhè Cài 浙菜) and Jiangsu Cuisine (Sū Cài 苏菜) are usually served in the Chinese restaurants in many major cities. Moreover, in recent years, there are many Chinese fusion restaurants have emerged throughout the United States that have blazed a new path in the modern world of cuisine arts.

Small Steamed Buns - Xiǎo-lóng-bāo 小笼包

Xiǎo-lóng-bāo 小笼包 *is* a type of steamed bun from Shanghai, China. It is traditionally steamed in small bamboo baskets. The name *Xiǎ o-lóng* is literally *small steaming basket.* It is traditionally filled with pork and the inside is juicy (the fresh and natural juicy comes out from the meat that makes the tiny bun very tasty). However, there are other fillings of choices, such as seafood, beef and vegetables to suit the needs of different people. *Xiǎo-lóng-bāo was* originated in Nán-xiáng 南翔, a suburb of Shanghai. Therefore, *Nán-xiáng Xiǎo-lóng-bāo* 南翔小笼包 is the complete name for Shanghai Small Steamed Buns.

Today, the Restaurant called Nán-xiáng Mán-tóu Diàn 南翔 馒头店 at Yù-yuán 豫园 (Yuyuan Garden is an ancient lovely garden with many shops and restaurants surround it) in Shanghai offers the best and the most delicious *Xiǎo-lóng-bāo* 小笼包.

I sincerely hope that you will visit Yuyuan Garden when you go to Shanghai and enjoy some tasty *Xiǎo-lóng-bāo* 小笼包 there.

~ Grandpa Wu ~

Lesson 6   Visiting a Friend
Dì Liù Kè   Kàn Wàng Yí Wèi Péng Yǒu
第 六 课   看 望 一 位 朋 友

1.   **Kè wén Text**
             课 文

Mary and David are visiting Karen Chen, Mary's friend who is living in New York City. They are going to have a good time together.

Kě rén:	Nǐ men hǎo!	Qǐng jìn.
可人	你 们 好!	请 进。
	Hello!	Please come in.

Mǎ lì:	Nǐ de jiā, hěn kě ài.
玛丽	你 的 家 很 可 爱。
	Your home is very lovely.

Dà wèi:	Shì a, hěn kě ài.
大 卫	是 啊, 很 可 爱。
	Yeah, (it's) very lovely.

Kě rén:	Xiè xie.	Qǐng zuò.
可人	谢 谢。	请 坐。
	Thanks.	Please have a seat.

Mǎ lì:	Kě rén, zhèi shì wǒ xiān shēng - Dà wèi.
玛丽	可 人, 这 是 我 先 生 - 大卫。
	Karen, this is my husband - David.

Mary introduces her husband, David to Karen. Then David shakes hands with Karen and he continues to speak Mandarin with her.

Dà wèi:	Hěn gāo xìng jiàn dào nǐ.
大 卫	很 高 兴 见 到 你。
	(I'm) very glad to meet you.

Kě rén:	Yě hěn gāo xìng jiàn dào nǐ.
可 人	也 很 高 兴 见 到 你。
	(I'm) also very glad to meet you.

Mǎ lì:	Zhèi shì Jiā Zhōu hóng pú táo jiǔ.
玛 丽	这 是 加 州 红 葡 萄 酒。
	This is California red wine.

Kě rén:	Duō xiè nǐ men de lǐ wù.
可 人	多 谢 你 们 的 礼 物。
	Thanks a lot for your gift.

Mǎ lì:	Bú kè qi.
玛 丽	不 客 气。
	You are welcome.

Dà wèi:	Xī wàng nǐ xǐ huān.
大 卫	希 望 你 喜 欢。
	Hope you like it.

Kě rén:	Xiǎng hē shén me?
可 人	想 喝 什 么?
	What would (you) like to drink?

Mǎ lì:	Hē chá.	Dà wei, nǐ ne?
玛 丽	喝 茶。	大 卫, 你 呢?
	(I) drink tea.	David, what about you?

Dà wèi: Wǒ yě hē chá.
大 卫   我 也 喝茶。
    I also drink tea.

Kě rén: Wǒ yǒu lǜ chá, yě yǒu hóng chá.
可 人   我 有 绿茶, 也 有 红茶。
    I have both green tea and black tea.

Mǎ lì: Wǒ men hē lǜ chá ba!
玛 丽   我 们 喝绿茶吧!
    Let's drink some green tea!

Karen makes the green tea and she returns with a Chinese tea set.

Kě rén: Qǐng hē chá.   Màn man hē.
可 人   请 喝茶。   慢 慢 喝。
    Please have some tea.   Enjoy it.

Mǎ lì: Zhēn hǎo hē!   Xiè xie nǐ!
玛 丽   真 好 喝!   谢 谢 你!
    (It's) really delicious!   Thank you!

Dà wèi: Zhèi gè chá, zhēn hǎo hē!   Duō xiè.
大 卫   这 个 茶, 真 好 喝!   多 谢。
    This tea is really delicious!   Thanks a lot.

Kě rén: Zhèi shì shàng děng de Lóng Jǐng Chá.
可 人   这 是 上 等 的 龙 井 茶。
    This is the superb Dragon Well Tea.

    nǐ men xǐ huān, wǒ hěn gāo xìng.
    你 们 喜 欢, 我 很 高 兴。
    I am very happy that you like it.

106

2.
 Shēng cí Vocabulary
 生　词

1) kàn wàng　　看望　　　to visit, to see

2) péng you　　朋友　　　friend

3) qǐng jìn　　请进　　　please come in

4) qǐng zuò　　请坐　　　please have a seat

5) nǐ de　　你的　　　your, yours (singular)

6) jiā　　家　　　home, house

7) chá　　茶　　　tea

8) lǜ chá　　绿茶　　　green tea

9) hóng chá　　红茶　　　black tea

10) Lóng Jǐng Chá 龙井茶　Dragon Well Tea

11) xī wàng　　希望　　　to hope

12) xǐ huān　　喜欢　　　to like

13) xiān sheng　　先生　　　Mr., sir, husband

14) tài tai　　太太　　　Mrs., wife

15) wǒ de　　　　我的　　　my, mine

16)	hóng pú táo jiǔ	红葡萄酒	red wine (red grape wine)
17)	lǐ wù	礼物	gift(s)
18)	zhēn hǎo hē (chī)	真好喝 (吃)	really delicious
19)	màn	慢	slow
20)	màn man	慢慢	to take one's time (to enjoy)
21)	màn man hē (chī)	慢慢喝 （吃)	to enjoy one's drink (food)
22)	shàng děng de	上等的	superb, first-class
23)	kě ài	可爱	lovely, sweet, cute
24)	Jiā Zhōu	加州	California
25)	duō xiè	多谢	thanks a lot, many thanks
26)	xiǎng	想	to think, would like to
27)	wèi	位	measure word for people, individual(s)
28)	xiǎo jiě	小姐	Miss, young lady
29)	nǚ shì	女士	lady
30)	Kě rén	可人	Karen

3.   **Zhù jiě   Notes**
                          注 解

1)   "Kàn wàng yí wèi péng you." 看望一位朋友。 "Visiting a Friend."
      Here "yí wèi péng you 一位朋友" means an individual friend.
      "Wèi 位" is a classic expression used as a measure word for
      indicating people (teachers, students, friends, family-members,
      neighbors and colleagues). For examples:

                Wǒ yǒu liǎng wèi hǎo péng you.
                我   有   两   位   好 朋 友。
                I have two good friends.

                Wǒ men yǒu bā wèi hǎo xué sheng.
                我 们   有 八 位   好   学 生。
                We have eight good students.

2)   "Nǐ de jiā hěn kě ài." 你的家很可爱。 "Your home is very lovely."
      Here "jiā 家", means home or house, it depends on one's dwelling;
      it can be one's apartment, condo or a single house.

      Please note that "kě ài 可爱", means lovely, sweet and cute.
      Examples:

                Tā yǒu yí gè kě ài de jiā.
                她   有 一 个 可爱 的 家。
                She has a sweet home.

                Wǒ men yǒu yí wèi kě ài de lǎo shī.
                我 们   有 一 位 可 爱 的 老 师。
                We have a lovely teacher.

Nǐ yǒu yì zhī kě ai de xiǎo gǒu.
你 有 一 只 可 爱 的 小 狗。
You have a cute little dog.

3)   "Màn man hē" 慢慢喝。"Enjoy it (Take your time to drink it)."
Here "Màn 慢" means slow or slowly; it is a polite expression and
is utilized in daily conversations among the Chinese. Example:

Wǒ men chī fàn ba !   Qǐng màn man chī.
我 们 吃 饭 吧！   请 慢 慢 吃。
Let's eat!   Please enjoy it (take your time to eat).

4.   Pīn yīn hé Sì shēng   Pronunciation
   拼 音 和 四 声

Initials   m   d   t   l   h   j   zh   w
Finals   an   eng ao   ü   ong ia   en   u

1)   mān   mán   mǎn   màn
     颟   蛮   满   慢
   confused   savage   full   slow

2)   dēng   déng   děng   dèng
     灯   -   等   凳
   lamp   -   wait   stool

3)   tāo   táo   tǎo   tào
     涛   逃   讨   套
   wave   flee   beg   set

4)　　　lū　　　　lú　　　　lǔ　　　　lù
　　　　-　　　　驴　　　　旅　　　　绿
　　　　-　　　　donkey　　travel　　green

5)　　　hōng　　　hóng　　　hǒng　　　hòng
　　　　轰　　　　红　　　　哄　　　　讧
　　　　boom　　　red　　　humbug　　uproar

6)　　　jiā　　　　jiá　　　　jiǎ　　　　jià
　　　　家　　　　颊　　　　假　　　　驾
　　　　home　　　cheek　　　fake　　　drive

7)　　　zhēn　　　zhén　　　zhěn　　　zhèn
　　　　真　　　　-　　　　枕　　　　振
　　　　true　　　-　　　　pillow　　uplifting

8)　　　wū　　　　wú　　　　wǔ　　　　wù
　　　　乌　　　　无　　　　五　　　　雾
　　　　black　　　none　　　five　　　fog

5.　　　　　Yú fǎ　　Grammar
　　　　　　　语 法

As you have studied in Lesson 1, "**de** 的" in Chinese grammar plays a very important role as a possessive particle. Now you will learn that "**de** 的" can also be used as a **structural particle** to make a complete adjectival expression. Examples:

1)　　Zhèi shì yí gè <u>kě ài de</u> gōng yuán.
　　　这　是　一　个　<u>可 爱 的</u>　公　园。
　　　　　This is a <u>lovely</u> park.

Notice that "de 的" is placed after the primary adjective "kě ài 可爱" to form a complete adjectival expression.

2)　Wǒ xī wàng nǐ yǒu yí gè <u>měi hǎo de</u> zhōu mò.
　　我 希 望 你 有 一 个 <u>美 好 的</u> 周 末。
　　　I hope that you have a <u>wonderful (beautiful)</u> weekend.

Another amazing form of Chinese adjectives is **repetition of adjectives**. Please note that there are certain kinds of adjectives in Chinese can be duplicated. It offers a higher degree of emphasis for the objects (see examples below).

3)　Tā yǒu <u>dà da de</u> yǎn jīng hé cháng chang de tóu fa.
　　她 有 <u>大 大 的</u> 眼 睛 和 <u>长 长 的</u> 头 发。
　　　She has <u>big (big)</u> eyes and <u>long (long)</u> hair.

For above monosyllabic adjectives, such as "dà 大"(big), the format is AA ＋ de ＝ dà da de 大 大 的 (big, big).

4)　Mā ma měi tiān dōu <u>gāo gao xìng xing de</u>.
　　妈 妈 每 天 都 <u>高 高 兴 兴 的</u>。
　　　　Mom is <u>happy (happy)</u> every day.

5)　Tā men yǒu yí ge <u>piào piao liàng liang de</u> bǎo bao.
　　他 们 有 一 个 <u>漂 漂 亮 亮 的</u> 宝 宝。
　　　　They have a <u>pretty (pretty)</u> baby.

6)　Tā de jiā <u>gān gān jìng jing de</u>.　Wǒ hěn xǐ huān.
　　他 的 家 <u>干 干 净 净 的</u>。　我 很 喜 欢。
　　　His house is <u>clean (clean)</u>.　I like it very much.

From the examples, you have seen that the **repetition of adjectives** presents a stronger sense which equals "very" or "quite" in English.

The original adjectives for sentences (4), (5) and (6) are:

gāo xìng   piào liàng   gān jìng
高 兴   漂 亮   干 净
happy   pretty   clean

For disyllabic adjectives, the format is AABB (derived from the original adjectives) as shown below:

4) AABB + de = gāo gao xìng xing de 高高兴兴的   (happy, happy).
gāo xìng 高兴 happy

5) AABB + de = piào piao liàng liang de 漂漂亮亮的 (pretty, pretty).
piào liàng 漂亮 pretty

6) AABB + de = gān gan jìng jing de 干干净净的   (clean, clean).
gān jìng 干净 clean

6.   Liàn xí   Exercises
练 习

1)   Review and practice the following groups of Pinyin. Place the correct tone mark(s) over each word/phrase and translate:

a. kan wang   b. peng you   c. xian sheng   d. lü cha

e. ni de jia   f. xi huan   g. zhen hao he   h. ke ai

i. xi wang   j. qing zuo   k. yi wei peng you l. man man

2) Form a group of 2 to 4 people to read aloud the dialogues of the text (or imagine yourself to play the characters in the text).

3) Make your own sentences out of the following words/ phrases and translate each sentence after completing it:

a. nǐ de jiā
你 的 家
your house

b. wǒ hěn xǐ huān
我 很 喜 欢
I like (it) very much

c. qǐng hē chá
请 喝 茶
please drink tea

d. hóng jiǔ
红 酒
red wine

e. hóng chá
红 茶
black tea

f. zhēn hǎo chī
真 好 吃
delicious

g. wǒ xī wàng
我 希 望
I hope

h. màn man
慢 慢
take one's time

4) Shí yòng huì huà
实 用 会 话
Practical Conversation

a. *This is a formal conversation between Professor Smith (C), Professor Wang (B) and his wife Mrs. Wang (A).*

A: Nín hǎo!   Qǐng jìn.
      您 好!   请 进。

B: Huān yíng guāng lín!
      欢 迎 光 临!

C: Xiè xie.   Zhèi shì nín men de lǐ wù.
      谢 谢。   这 是 您 们 的 礼 物。

A: Duō xiè!
      多 谢!

C: Zhèi shì Yīng guó hóng chá.
这 是 英 国 红 茶。

Wǒ xī wàng nín men xǐ huān.
我 希 望 您 们 喜 欢。

B: Duō xiè nín de lǐ wù.
多 谢 您 的 礼物。

Wǒ de tài tai hé wǒ dōu hěn xǐ huān hóng chá.
我 的 太 太 和 我 都 很 喜 欢 红 茶。

C: Bú kè qi.   Nín men xǐ huān, wǒ hěn gāo xìng.
不 客 气。   您 们 喜 欢, 我 很 高 兴。

A: Qíng wèn, nín xiǎng hē shén me?
请 问, 您 想 喝 什 么?

C: Wǒ xiǎng hē Zhōng guó lǜ chá.
我 想 喝 中 国 绿 茶。

B: Hǎo!   Wǒ men yì qǐ hē Lóng Jǐng Chá ba!
好!   我 们 一 起 喝 龙 井 茶 吧!

b. *This is a casual conversation between some college students.*

A: Huān yíng, huān yíng!
欢 迎, 欢 迎!

B: Wà sài!   Zhè me duō rén…..
哇 塞!   这 么 多 人…..

115

A: Jīn tiān shì wǒ nǚ péng you de shēng rì.
今 天 是 我 女 朋 友 的 生 日。

Yào hǎo hǎo qìng hè yí xià.
要 好 好 庆 贺 一 下。

C: Yào hē shén me?
要 喝 什 么?

B: Yǒu Qīngdǎo Pí Jiǔ ma?
有 青 岛 啤 酒 吗?

C: Yǒu. Zài nà er. Nǐ ne, Ní kě?
有。 在 那 儿。 你 呢, 尼 可?

D: Yǒu Kě lè ma?
有 可 乐 吗?

C: Méi yǒu. Yǒu Xuě bì. Zài zhè er.
没 有。 有 雪 碧。 在 这 儿。

D: Xiè xie. Jié míng, nèi shì nǐ nǚ péng you ma?
谢 谢。 杰 明, 那 是 你 女 朋 友 吗?

A: Duì. Nèi shì wǒ nǚ péng you － Hǎi lì.
对。 那 是 我 女 朋 友 － 海 丽。

D: Tā hěn kě ài!
她 很 可 爱!

A: Xiè xie. Kàn!   Zhèi xiē dōu shì Hǎi lì zuò de.
                这 些 都 是 海 丽 做 的。

B: Tài hǎo le! Yǒu Shànghǎi Chūn Juǎn hé Chǎo Nián Gao…
                太 好 了! 有 上 海 春 卷 和 炒 年 糕…..

7.   Dá àn   Answers
                    答 案

1)   a. kàn wàng   b. péng you   c. xiān sheng   d. lǜ chá
       看 望   朋 友   先 生   绿 茶
       visit   friend   Mr.   green tea

      e. nǐ de jiā   f. xǐ huān   g. zhēn hǎo hē   h. kě ài
       你 的 家   喜 欢   真 好 喝   可 爱
       your house   like   delicious   lovely

      i. xī wàng   j. qǐng zuò   k. yí wèi péng you   l. màn man
       希 望   请 坐   一 位 朋 友   慢 慢
       hope   please have a seat   a friend   take one's time

3)   a. Nǐ de jiā hěn kě ài.
      你 的 家 很 可 爱。
      Your house is very lovely.

      b. Wǒ hěn xǐ huān nǐ de Mā ma.
      我 很 喜 欢 你 的 妈 妈。
      I like your Mom very much.

      c. Lín dá, qǐng hē chá.
      琳 达, 请 喝 茶。
      Linda, please have some tea.

d. Zhèi shì shàng děng de hóng jiǔ.
   这 是 上 等 的 红 酒。
      This is the superb red wine.

e. Nín xiǎng hē hóng chá ma?
   您 想 喝 红 茶 吗？
      Would you like to drink black tea?

f. Zhèi ge zhēn hǎo chī.
   这 个 真 好 吃。
   This is really delicious (to eat).

g. Wǒ xī wàng nǐ xǐ huān tā.
   我 希 望 你 喜 欢 他。
   I hope that you like him.

h. Ní kě, qǐng màn man chī (màn man hē).
   尼 可, 请 慢 慢 吃（ 慢 慢 喝）。
      Nick, please take your time to eat (take your time to drink).

4)   Shí yòng huì huà
     实 用 会 话
     Practical Conversation

a.   *This is a formal conversation between Professor Smith (C),
     Professor Wang (B) and his wife Mrs. Wang (A).*

A: Nín hǎo!   Qǐng jìn.
          您 好！   请 进。
            Hello!   Please come in.

B: Huān yíng guāng lín!
        欢 迎 光 临!
        Welcome to come here!

C: Xiè xie.   Zhèi shì nín men de lǐ wù.
        谢 谢。   这 是 您 们 的 礼物。
        Thank you.   This is your gift.

A: Duō xiè!
        多 谢!
        Thanks a lot!

C: Zhèi shì Yīng guó hóng chá.
        这 是 英 国 红 茶。
        This is British black tea.

        Wǒ xī wàng nín men xǐ huān.
        我 希 望 您 们 喜 欢。
        I hope that you will like it.

B: Duō xiè nín de lǐ wù.
        多 谢 您 的 礼物。
        Many thanks for your gift.

B: Wǒ de tài tai hé wǒ dōu hěn xǐ huān hóng chá.
        我 的 太 太 和 我 都 很 喜 欢 红 茶。
        My wife and I both like black tea very much.

C: Bú kè qi.   Nín men xǐ huān, wǒ hěn gāo xìng.
        不 客 气。   您 们 喜 欢, 我 很 高 兴。
        You are welcome.   I am very glad that you like it.

A: Qíng wèn, nín xiǎng hē shén me?

请 问， 您 想 喝 什 么？

May I ask, what would you like to drink?

C: Wǒ xiǎng hē Zhōng guó lǜ chá.

我 想 喝 中 国 绿 茶。

I would like to drink some Chinese green tea.

B: Hǎo!   Wǒ men yì qǐ hē Lóng Jǐng Chá ba!

好！ 我 们 一 起 喝 龙 井 茶 吧！

Good!   Let's drink some Dragon Well Tea!

b.   *This is a casual conversation between a group of young people. They are having a party in Jimmy (A)'s house.*

A: Huān yíng, huān yíng!

欢 迎， 欢 迎！

Welcome, welcome!

B: <u>Wà sài</u>!   Zhè me duō rén.....

<u>哇 塞</u>！ 这 么 多 人.....

<u>Oh my</u>!   So many people....

A: Jīn tiān shì wǒ <u>nǚ péng you</u> de <u>shēng rì</u>.

今 天 是 我 <u>女 朋 友</u> 的 <u>生 日</u>。

Today is my <u>girlfriend</u>'s <u>birthday</u>.

A: Yào <u>hǎo hǎo qìng hè yí xià</u>.

要 <u>好 好 庆 贺 一 下</u>。

(We) have to <u>have a great celebration</u>.

C: Yào hē shén me?
要 喝 什 么？
What do you want to drink?

B: Yǒu Qīngdǎo Pí Jiǔ ma?
有 青 岛 啤 酒 吗？
(Do you) have Tsingtao Beer?

C: Yǒu.   Zài nà er.   Nǐ ne, Ní kě?
有。   在 那 儿。   你 呢，尼 可？
(We) have.   Over there.   And you, Nick?

D: Yǒu <u>Kě lè</u> ma?
有 <u>可 乐</u> 吗？
(Do you) have <u>Coke</u>?

C: Méi yǒu.   Yǒu <u>Xuě bì</u>.   Zài zhè er.
没 有。   有 <u>雪 碧</u>。   在 这 儿。
(We) don't have.   (We) have <u>Sprite</u>.   Over here.

D: Xiè xie.   Jié míng, nèi shì nǐ nǚ péng you ma?
谢 谢。   杰 明，那 是 你 女 朋 友 吗？
Thanks.   Jimmy, is that your girlfriend?

A: <u>Duì</u>.   Nèi shì wǒ nǚ péng you－Hǎi lì.
<u>对</u>。   那 是 我 女 朋 友－海 丽。
<u>Right</u>.   That's my girlfriend – Hally.

D: Tā hěn kě ài!
她 很 可 爱！
She is very sweet!

A: Xiè xie. Kàn! Zhèi xiē dōu shì Hǎi lì zuò de.
    谢 谢。 看！ 这 些 都 是 海 丽 做 的。
    Thanks. Look! These (food) were all <u>made</u> by Hally.

B: Tài hǎo le! Yǒu Shànghǎi Chūn Juǎn hé Chǎo Nián Gao…..
    太 好 了！有 上 海 春 卷 和 炒 年 糕…..
    Great! There are <u>Shanghai Spring Rolls</u> and <u>Fried Rice Cakes</u>…

8.   Yú nǐ fēn xiǎng To Share with You
      与 你 分 享

Grandpa Wu:
Wǔ Yé ye   **Chinese Tea**
武 爷 爷

  Throughout the Chinese history, **Chinese Tea** has presented its important role as an everyday beverage from the Emperors to the ordinary Chinese families. **Chinese Tea** is from the tea leaves of tea plants; the tea leaves which have been processed using a variety of methods inherited from ancient China. Hence, it is said that the Chinese were one of the first who had discovered tea and one of the earliest ethnic groups in creating the **Art of Tea Drinking**.

  Chinese Tea can be classified into six distinctive categories: white, green, oolong, black, scented and post-fermented. Among the six types of tea, **Green Tea** is the most popular type of tea consumed by the Chinese both in China and all over the world.

1. **White Tea Bái Chá** 白茶 – is the purest and least processed of all teas. It is grown and harvested primarily in China, mostly in Fujian Province. It comes from the tender buds and leaves of the tea plant. The name "white tea" derives from the fine silvery-

white hair on the unopened buds of the tea plant, which gives the plant a white-hairy appearance. You may see **Shòu Méi 寿眉 – Shou Mei White Tea** in many Chinese markets or stores in Los Angeles, San Francisco and New York City. It is said to help ease one's sore throat and to gain good health for one's respiratory system.

2. **Green Tea Lǜ Chá 绿茶** – is made from the leaves of the tea plant that have undergone minimal oxidation during process. **Green Tea** originated in China; however, it has become associated with many ethnic groups throughout Asian countries. Today, it has become more and more widespread in the West. **Green Tea** has also become the raw material for extracts used in various beverages, health foods, dietary supplements, and cosmetic items. There are many types of green tea have been created in the countries in every continent of the world. **Green Tea** is always the top choice among the Chinese due to its healthy elements. In the U.S., you may see **Lóng Jǐng Chá 龙井茶 Dragon Well Tea** and **Bì Luó Chūn Chá 碧螺春茶 Jade Spring Snail Tea** in local Chinese markets and shops. Due to the health reason, **Green Tea** is becoming people's top choice every day.

3. **Oolong Tea Wū Lóng Chá 乌龙茶** – is a traditional Chinese tea produced through a unique process by using the combined method of Green Tea making and Black Tea making. First, it will be withering under the sun; second, it will be oxidized before the step of rolling and twisting. **Oolong Tea** has a flavorful fragrance and sweet aroma which is believed for good digestion. In the U.S., most people have tasted it in the Chinese restaurants. You may see **Tiě Guān Yīn 铁观音 Iron Goddess**

and **Dà Hóng Páo** 大红袍 **Big Red Robe** in the local Chinese stores and markets.

4. **Black Tea Hóng Chá** 红茶– is fermented tea. Unlike green tea, it does not lose its fragrance quickly. Therefore, in the early days, it had become the main choice of Western merchants in purchasing and transporting the Chinese **Black Tea** to the Western World. It is known as "**Red Tea Hóng Chá** 红茶" in China because of the reddish brown color after brew it; it is told to help warm the stomach and maintain a good digestion if one drinks in autumn and winter. You may see **Qí Mén Hóng Chá** 祁门红茶 **Qimen Red Tea** in your local Chinese markets.

5. **Scented Tea Huā Chá** 花茶 – is a mixture of flowers with green tea, black tea and oolong tea. The flowers include jasmine, orchid, plum, gardenia and rose. Among the flowers, jasmine is the most popular one. Usually, **Scented Tea** has sweet aroma with a soothing fragrance. In the U.S., you may choose to drink **Mò Lì Huā Chá** 茉莉花茶 **Jasmine Tea** when having "Dim Sum" – Diǎn Xīn 点心 Snacks in local Chinese restaurants.

6. **Post-Fermented Tea Hòu Fā Jiào Chá** 后发酵茶 – is a type of tea that has undergone an open-air fermentation and the length of the time is from a few months to a lot of years. For instance, **Puer Tea Pǔ Ěr Chá** 普洱茶 from Yunan Province is a typical **Post-Fermented Tea Hòu Fā Jiào Chá** 后发酵茶, and you may see it in some special tea stores in the major cities like Los Angeles, San Francisco, Chicago, and New York City in America.

How to make a cup of good tea – using tea bag:

1. Placing one tea bag in a cup.
2. Pour in boiling water.
3. Let the tea bag steep in boiling water for 3 minutes.

How to make a cup of good tea – using tea leaves:

1. Placing 2 table spoons of tea leaves in a cup.
2. Pour in boiling water first and then drain the water out.
3. Pour in boiling water again.
4. Let the tea leaves steep in boiling water for 3 minutes.

The second step is to wash the leaves and making sure that your cup of tea will have a genuine fresh taste.

My friend, I hope that you will enjoy your favorite Chinese tea and strive for a healthy and joyful life!

~ Grandpa Wu ~

Lesson 7
Dì Qī Kè
第 七 课

Shopping
Gòu Wù
购 物

1.
Kè wén Text
课 文

Mary is visiting Suzhou, China. Suzhou is a beautiful town near Shanghai. Today, Mary is walking on the street with a variety of small shops. She is looking for a nice cap for her husband, David. Finally, she sees a little shop around the corner and she goes into the shop.

Mǎ lì:　　　Nǐ hǎo, xiān sheng!
玛 丽　　　你 好, 先 生!
　　　　　　Hello, sir!

Lǐ:　　　Nǐ hǎo!　　Nǐ yào <u>mǎi</u> shén me ?
李　　　你 好!　　你 要 <u>买</u> 什 么?
　　　　　Hello!　　What do you want to <u>buy</u>?

Mǎ lì:　　　Wǒ yào mǎi <u>mào zi</u>.
玛 丽　　　我 要 买 <u>帽 子</u>。
　　　　　　I want to buy (a) <u>cap</u> (hat).

Lǐ:　　　Nǐ yào <u>shén me yán sè</u> ?
李　　　你 要 <u>什 么 颜 色</u>?
　　　　　<u>What color(s)</u> do you want?

Mǎ lì:　　　<u>Lán sè</u> (Lán yán sè).
玛 丽　　　<u>蓝 色</u> (蓝 颜 色)。
　　　　　　Blue　(<u>Blue color</u>).

126

Lǐ:	Zhèi shì lán sè de (mào zi).
李	这 是 蓝 色 的 (帽 子)。
	This is the blue one (cap).

Mǎ lì:	Wǒ kě yǐ <u>shì yí shì</u> ma ?
玛丽	我 可 以 <u>试 一 试</u> 吗?
	May I <u>try</u> (it) on?

Lǐ:	<u>Dāng rán</u> kě yǐ.
李	<u>当 然</u> 可 以。
	<u>Of course</u> (you) may.

Mǎ lì:	Tài hǎo le ! Zhèi gè <u>hěn hé shì</u>. <u>Duō shǎo qián</u> ?
玛丽	太 好 了! 这 个 <u>很 合 适</u>。 <u>多 少 钱</u>?
	Great! This one <u>fits (me) well</u>. <u>How much</u>?

Lǐ:	Shí-wǔ kuài yí gè.
李	十 五 块 一 个。
	Fifteen bucks each.

Mǎ lì:	<u>Tài guì le</u> ! Bā kuài yí gè. <u>Hǎo bù hǎo</u> ?
玛丽	<u>太 贵 了</u>! 八 块 一 个。 <u>好 不 好</u>?
	<u>Too expensive</u>! Eight bucks each. <u>Okay</u>?

Lǐ:	Bù, bù. Wǔ shì kuài wǔ gè. Hǎo bù hǎo ?
李	不，不。 五 十 块 五 个。 好 不 好?
	No, no. Fifty bucks for five. Okay?

Mǎ lì:	Hǎo. Gěi nǐ wǔ shí kuài. <u>Duō xiè</u>.
玛丽	好。 给 你 五 十 块。 <u>多 谢</u>。
	Okay. Here is fifty bucks. <u>Thanks a lot</u>.

Lǐ: Bú xiè.   Nǐ hái yào shén me ?
李   不 谢。   你 还 要 什 么?
You are welcome.   What else do you want?

Mǎ lì: Wǒ yào kàn kan wéi jīn.
玛丽   我 要 <u>看 看</u> 围 巾。
I want to <u>take a look</u> at the scarves.

Lǐ: Nǐ xǐ huān shén me yán se?
李   你 喜 欢 什 么 颜 色?
What color(s) do you like?

Mǎ lì: Nǐ <u>yǒu</u> huáng sè hé lán sè <u>wéi jīn</u> ma?
玛丽   你 <u>有</u> 黄 色 和 蓝 色 <u>围 巾</u> 吗?
Do you <u>have</u> yellow and blue <u>scarves</u>?

Lǐ: Wǒ yǒu.   Zhèi shì <u>dàn huáng sè</u> de.
李   我 有。   这 是 <u>淡 黄 色</u> 的。
(Yes) I have.   This is the <u>light yellow</u> one.

            <u>Hěn piào liàng</u> !   Qǐng shì yí shì!
            <u>很 漂 亮</u>!   请 试 一 试!
            (It's) <u>very pretty</u>!   Please try (it) on!

Mǎ lì: Qǐng <u>děng yì děng</u>.
玛丽   请 <u>等 一 等</u>。
Please <u>wait for a moment</u>.

            Wǒ yào shì yí shì nèi tiáo <u>shēn lán sè</u> wéi jīn....
            我 要 试 一 试 那 条 <u>深 蓝 色</u> 围 巾.....
            I want to try on that <u>dark blue</u> scarf….

2. Shēng cí Vocabulary
生 词

1)	mǎi	买	to buy, to purchase
2)	yán sè	颜色	color(s)
3)	dàn yán sè (dàn sè)	淡颜色(淡色)	light color(s)
4)	shēn yán sè (shēn sè)	深颜色(深色)	dark color(s)
5)	kě yǐ	可以	may, can
6)	shì yí shì	试一试	to try
7)	dāng rán	当然	of course
8)	mào zi	帽子	cap, hat
9)	kuài	块	buck(s)
10)	yuán	元	yuan (CNY: currency of China)
11)	Tài guì le!	太贵了!	Too expensive!
12)	Hǎo bù hao?	好不好?	Okay?
13)	kàn kan	看看	to see, to take a look
14)	wéi jīn	围巾	scarf

15)	piào liàng	漂亮	pretty, beautiful
16)	hé shì	合适	fit, suitable
17)	děng yì děng	等一等	wait a moment
18)	gòu wù	购物	shopping (formal)
19)	mǎi dōng xi	买东西	shopping (informal)
20)	lán sè	蓝色	blue
21)	hóng sè	红色	red
22)	bái sè	白色	white
23)	hēi sè	黑色	black
24)	lǜ sè	绿色	green
25)	chéng sè	橙色	orange
26)	huáng sè	黄色	yellow
27)	fěn hóng sè	粉红色	pink
28)	zǐ sè	紫色	purple
29)	huī sè	灰色	grey
30)	zōng sè (kā fēi sè)	棕色 (咖啡色)	brown (coffee color)

31)	jīn sè	金色	golden color
32)	yín sè	银色	silver color
33)	tiáo	条	measure word for scarves and ties
34)	hé	和	and

3. Zhù jiě Notes
注 解

1) "Sè 色" is "yán sè 颜色"- color's short version. When you say color(s) in Chinese, you should say the individual color first and add sè or yán sè after the individual color.

Example: lán sè 蓝色 (lán yán sè 蓝颜色) - blue color

2) "Zhèi shì lán sè de." 这是蓝色的。 "This is the blue one." Here "de 的" is the apostrophe "'s" and it is a possessive word. The exact translation for this sentence is: This is <u>the color of blue</u>.

3) "Shì yí shì 试一试 to try"- is a commonly used expression among Chinese people. Noticed that in Chinese, you will often hear "yī 一 one" in between the same two verbs as: <u>děng yì děng 等一等 wait for a moment</u>, <u>shuō yì shuō 说一说 talk about it</u>, <u>xiǎng yì xiǎng 想一想 think about it</u>.

4) "Kàn kan 看看 take a look" - is another commonly used expression in Spoken Chinese. It is to repeat the same verb which becomes a <u>double-verb phrase</u>. Examples as shown: <u>bāng bang wǒ 帮帮我 help</u> (help) me, <u>liáo liáo tiān 聊聊天 chat</u> (chat).

4. **Pīn yīn hé Sì shēng   Pronunciation**
拼 音 和 四 声

Initials   m   f   d   n   l   g   z
Finals   ai en uo i   an ui ong

1) māi   mái   mǎi   mài
    -          埋   买   卖
    -          bury   buy   sell

2) fēn   fén   fěn   fèn
    分   坟   粉   愤
    minute   grave   powder   anger

3) duō   duó   duǒ   duò
    多   夺   躲   剁
    many   seize   hide   chop

4) nī   ní   nǐ   nì
    -          泥   你   腻
    -          mud   you   greasy

5) lān   lán   lǎn   làn
    -          蓝   懒   烂
    -          blue   lazy   splendid

6) guī   guí   guǐ   guì
    归   -   鬼   贵
    return   -   ghost   expensive

7)	zōng	zóng	zǒng	zòng
	棕	-	总	纵
	palm	-	general	vertical

5.　　　　　Yú fǎ　Grammar
　　　　　　语 法

Just like in English, **have - yǒu** 有 is one of the main verbs that is being used in a sentence as its main predicate denotes possession.

The use of **have - yǒu** 有 and **do not have - méi yǒu** 没有 are shown clearly in the following examples. Please remember that you need to answer the question directly when you **have - yǒu** 有 (affirmative answer) or **do not have - méi yǒu** 没有 (negative answer).

You may choose to answer the question with the **simple way** or the **detailed way**. The **detailed way** is often occurred in professional or business writings and conversations. It gives a more assertive answer especially in professional and business correspondences.

1) **The simple way:**　　a.　(Nǐ) **yǒu** kā fēi ma ?
　　　　　　　　　　　　　(你) 有 咖啡 吗?
　　　　　　　　　　　　　Do (you) **have** coffee?

　　　　　　　　　　　　　(Wǒ) **yǒu**.
　　　　　　　　　　　　　(我) 有。
　　　　　　　　　　　　　(I) **have**.

In casual conversations, you may omit the subjects (shown with brackets) and ask or answer your questions by using verb **have - yǒu** 有 directly (see an affirmative answer above) .

b.   (Nǐ) **yǒu** chá ma ?

(你) 有 茶 吗?

Do (you) **have** tea?

(Wǒ) **méi yǒu**.

(我) 没 有。

(I) **do not have**.

If it is a negative answer (shown above), you may answer directly by using **do not have - méi yǒu** 没有.

2)   **The detailed way**: a.   (Nǐ) **yǒu** shuǐ ma ?

(你) 有 水 吗?

Do (you) **have** water?

Yǒu.   Wǒ **yǒu** shuǐ.

有。 我 有 水。

(Yes, I) **have**. I **have** water.

It is not necessary to answer the question as the English grammatical structure by using **Yes/No** at the front with each sentence. However, it is quite useful among the professionals and/or business people by placing **have - yǒu** 有 or **do not have - méi yǒu** 没有 at the front of the sentence for confirmation as an affirmative answer or a negative answer (see examples shown above and below).

b.   (Nǐ) **yǒu** jiǔ ma ?   Do (you) **have** wine?

(你) 有 酒 吗?

Méi yǒu.   Wǒ **méi yǒu** jiǔ.

没 有。 我 没 有 酒。

(No, I) **do not have**.   I **do not have** wine.

Later, you will study more about the usages of **have** and **do not have** as you move to the next level.

6.   **Liàn xí**   **Exercises**
                       练 习

1)   Review and practice the following groups of Pinyin. Place the correct tone mark(s) over each word/phrase and translate:

     a. yao   b. shen me   c. yan se   d. mao zi   e. ke yi

     f. shi yi shi   g. duo shao qian h. kan kan i. duo xie   j. qing

2)   Form a group of 2 to 4 people to read aloud the dialogues of the text (or imagine yourself to play the characters in the text).

3)   Make your own sentences out of the following words/phrases and translate each sentence after completing it:

     b. mǎi dōng xi   b. Duō shǎo qián? c. shén me   d. shì yí shì
     买 东 西   多 少 钱?   什 么   试 一 试
     shopping   How much?   what   to try

     e. zhèi shì   f. bái sè mào zi   g. Tài guì le!   h. hěn hé shì
     这 是   白 色 帽 子   太 贵 了!   很 合 适
     this is   white cap (hat) Too expensive!   fits well

     i. shén me yán sè   j. hóng sè wéi jīn   k. děng yì děng
     什 么 颜 色   红 色 围 巾   等 一 等
     what color(s)   red scarf   wait for a moment

4) Shí yòng huì huà
实 用 会 话
Practical Conversation

a. This is a formal conversation between the shopkeeper (A) and the customer (B). Please pay attention to the usage of "Nín 您".

A: Nín hǎo, xiān sheng!   Nín xiǎng mǎi shén me ?
     您 好，先 生！   您 想 买 什 么？

B: Nín hǎo!   Wǒ xiǎng mǎi mào zi.
     您 好！ 我 想 买 帽 子。

A: Nín xǐ huān shén me yán se?
     您 喜 欢 什 么 颜 色？

B: Wǒ xǐ huān hóng sè hé lán sè.
     我 喜 欢 红 色 和 蓝 色。

A: Qǐng kàn!   Wǒ men yǒu dàn lán sè de.   Nín yào shì yí shì ma ?
     请 看！ 我 们 有 淡 蓝 色 的。 您 要 试 一 试 吗？

B: H ǎ o. Qǐng gěi wǒ shì yí shì.   Xiè xie.
     好。 请 给 我 试 一 试。 谢 谢。

A: Xiān sheng, zhèi ge hěn hé shì.
     先 生， 这 个 很 合 适。

B: Duō shǎo qián?
     多 少 钱？

A: Sān shí wǔ yuán.
三 十 五 元。

B: Tài guì le! Èr shí wǔ yuàn, hǎo bù hǎo?
太 贵 了！ 二 十 五 元，好 不 好？

A: Bù, bù. Èr shí bā yuán.
不，不。 二 十 八 元。

B: Hǎo. Zhèi shì èr shí bā yuán. Xiè xie nín.
好。 这 是 二 十 八 元。 谢 谢 您。

A: Bú kè qi. Zài jiàn !
不 客 气。 再 见！

b. *This a casual conversation in a department store between the clerk and a young couple. Please pay attention to the phrase -"jiǎng jià 讲价 bargain". Bargaining is not allowable in department stores.*

A: Nǐ men hǎo ! Yào mǎi shén me ?
你 们 好！ 要 买 什 么？

B: Máo yī .
毛 衣。

C: Yǒu hēi sè de ma?
有 黑 色 的 吗？

A: Yǒu. Zhèi shì Ā Mǎ Ní. Yì Dà Lì míng pái.
有。 这 是 阿 玛 尼。 意 大 利 名 牌。

B: Qīn ài de, lái, lái. Nǐ shì yí shì ba!
亲 爱 的，来，来。 你 试 一 试 吧！

C: Kàn!   Hěn hé shì.
看！   很 合 适。

B: Hēi sè hěn hé shì nǐ.
黑 色 很 合 适 你。

C: Zhèi jiàn máo yī duō shǎo qián?
这 件 毛 衣 多 少 钱？

A: Wǔ qiān kuài.
五 千 块。

C: Tài guì le!   Bú yào mǎi ba! (He asks his wife not to buy it).
太 贵 了！ 不 要 买 吧！

B: Sì qiān kuài. Hǎo bù hǎo? (She tries to bargain about the price).
四 千 块。 好 不 好？

A: Duì bù qǐ.   Wǒ men bù jiǎng jià.
对 不 起。 我 们 不 讲 价。

B: Méi guān xi.   Wǒ zhī dào.   Zhèi shì wǔ qiān kuài.
没 关 系。 我 知 道。 这 是 五 千 块。

A: Duō xiè.   Huān yíng zài lái!
多 谢。 欢 迎 再 来！

7.   Dá àn   Answers
答案

1) a. yào
   要
   want

   b. shén me
   什么
   what

   c. yán sè
   颜色
   color(s)

   d. mào zi
   帽子
   cap/hat

   e. kě yǐ
   可以
   may/can

   f. shì yí shì
   试一试
   to try

   g. duō shǎo qián
   多少钱
   how much

   h. kàn kan
   看看
   take a look

   i. duō xiè
   多谢
   many thanks

   j. qǐng
   请
   please

3) a. Nǐ <u>mǎi dōng xi</u> ma ?
   你 <u>买 东 西</u> 吗？
   Are you <u>shopping</u>?

   b. Zhèi ge <u>duō shǎo qián</u>?
   这 个 <u>多 少 钱</u>？
   <u>How much</u> is this?

   c. Tā xǐ huān <u>shén me</u> yán sè ?
   她 喜 欢 <u>什 么</u> 颜色？
   What color(s) does she like?

   d. Wǒ men <u>shì yí shì</u> ba !
   我 们 <u>试 一 试</u> 吧！
       Let's <u>try</u>!

   e. <u>Zhèi shì</u> wǒ de Bà ba.
   <u>这 是</u> 我 的 爸爸。
   <u>This is</u> my Dad.

139

f. Nǐ de <u>bái sè mào zi</u> hěn piào liàng.
你 的 <u>白 色 帽 子</u> 很 漂 亮。
Your <u>white hat</u> is very pretty.

g. <u>Tài guì le</u>!   Wǒ bù mǎi.
<u>太 贵 了</u>!   我 不 买。
<u>Too expensive</u>!   I don't (want) to buy (it).

h. Nín de mào zi <u>hěn hé shì</u>.
您 的 帽 子 <u>很 合 适</u>。
Your cap <u>fits well</u>.

i. Xiǎo jiě,   nǐ yào <u>shén me yán sè</u> de wéi jīn ?
小 姐, 你 要 <u>什 么 颜 色</u> 的 围 巾?
Miss, <u>what color</u> of the scarf do you want?

j. Mā ma yào mǎi <u>hóng sè wéi jīn</u>.
妈 妈 要 买 <u>红 色 围 巾</u>。
Mom wants to buy a <u>red scarf</u>.

k. Xiān sheng, qǐng <u>děng yì děng</u>.
先 生, 请 <u>等 一 等</u>。
Sir, please <u>wait for a moment</u>.

4)   Shí yòng huì huà
实 用 会 话
Practical Conversation

a. *This is a formal conversation between the shopkeeper (A) and the customer (B). Please pay attention to the usage of "Nín 您 You". The elder man is going to buy a cap in this small shop.*

A: Nín hǎo, xiān sheng!　　Nín xiǎng mǎi shén me ?
您 好，先 生!　　您 想 买 什 么?
Hello, sir!　　　　What would you like to buy?

B: Nín hǎo!　Wǒ xiǎng mǎi mào zi.
您 好!　我 想 买 帽 子。
Hello!　　I would like to buy a cap.

A: Nín xǐ huān shén me yán se?
您 喜 欢 什 么 颜 色?
What color(s) do you like?

B: Wǒ xǐ huān hóng sè hé lán sè.
我 喜 欢 红 色 和 蓝 色。
I like red and blue.

A: Qǐng kàn!　Wǒ men yǒu dàn lán sè de.　Nín yào shì yí shì ma ?
请 看!　我 们 有 淡 蓝 色 的。您 要 试 一 试 吗?
Please look!　We have light blue caps.　Do you want to try it on?

B: Hǎo.　Qǐng gěi wǒ shì yí shì.　Xiè xie.
好。　请 给 我 试 一 试。谢 谢。
Okay.　Please let me try it on.　Thank you.

A: Xiān sheng, zhèi ge hěn hé shì.
先 生，这 个 很 合 适。
Sir, this one fits well.

B: Duō shǎo qián?
多 少 钱?
How much?

A: Sān shí wǔ yuán.
三 十 五 元。
Thirty five yuan.

B: Tài guì le!   Èr shí wǔ yuàn, hǎo bù hǎo ?
太 贵 了!   二 十 五 元，好 不 好?
Too expensive!   Twenty five yuan, okay?

A: Bù, bù.   Èr shí bā yuán.
不，不。   二 十 八 元。
No, no.   Twenty eight yuan.

B: Hǎo.   Zhèi shì èr shí bā yuán.   Xiè xie nín.
好。   这 是 二 十 八 元。   谢 谢 您。
Okay.   This is twenty eight yuan.   Thank you.

A: Bú kè qi.   Zài jiàn !
不 客 气。   再 见!
You are welcome. Good-bye!

b. *This a casual conversation in a department store between the clerk and a young couple. Please pay attention to the phrase -"jiǎng jià 讲价 bargain". Bargaining is not allowable in department stores.*

A: Nǐ men hǎo !   Yào mǎi shén me ?
你 们 好!   要 买 什 么?
  Hello!   What do you want to buy?

B: Máo yī.
毛 衣。
A sweater.

C: Yǒu hēi sè de ma?
有 黑 色 的 吗?
Do you have black ones?

A: Yǒu. Zhèi shì Ā Mǎ Ní. Yì Dà Lì míng pái.
有。 这 是 阿 玛 尼。 意大利 名 牌。
(Yes, we) have. This is Armani. (It's an) Italian famous brand.

B: Qīn ài de, lái, lái. Nǐ shì yí shì ba !
亲 爱 的, 来, 来。 你 试 一 试 吧 !
Darling, come here. You try it on!

C: Kàn! Hěn hé shì.
看! 很 合 适。
Look! It fits me well.

B: Hēi sè hěn hé shì nǐ.
黑 色 很 合 适 你。
The black color suits you.

C: Zhèi jiàn máo yī duō shǎo qián ?
这 件 毛 衣 多 少 钱?
How much is this sweater?

A: Wǔ qiān kuài.
五 千 块。
Five thousand yuan.

C: Tài guì le ! Bú yào mǎi ba ! (He asks his wife not to buy it).
太 贵 了! 不 要 买 吧 !
Too expensive! Don't buy it!

B: Sì qiān kuài.   Hǎo bù hǎo ? (She tries to bargain about the price).
四 千 块。   好 不 好？
Four thousand yuan.   Okay?

A: Duì bù qǐ.   Wǒ men bù <u>jiǎng jià</u>.
对 不 起。   我 们 不 <u>讲 价</u>。
Sorry.   We don't <u>bargain</u> about the prices.

B: Méi guān xi.   Wǒ <u>zhī dào</u>.   Zhèi shì wǔ qiān kuài.
没 关 系。   我 <u>知 道</u>。   这 是 五 千 块。
It's alright.   I <u>know</u>.   This is five thousand yuan.

A: Duō xiè.   Huān yíng <u>zài lái</u> !
多 谢。   欢 迎 <u>再 来</u>！
Thanks a lot.   Welcome to <u>come again</u>!

8.   Yú nǐ fēn xiǎng   To Share with You
与 你 分 享

Grandpa Wu:
Wǔ Yé ye   **Do you know Emperor Qin and Qin Dynasty?**
武 爷 爷

Emperor Qin (Qín Shǐ Huáng 秦始皇) was the first Emperor that changed the history of China. He established the Qin Dynasty (Qín Cháo 秦朝 221 – 206 BC) which was a meaningful dynasty that had tremendously changed the history of China although it lasted only for 15 years. The impact of Emperor Qin's mentality on China has always played an important role throughout Chinese history in all dynasties and eras.

Emperor Qin had unified China; he had also unified Chinese Language - Hàn Yǔ 汉语(Chinese Mandarin) by establishing Chinese Writing system using Chinese Characters - Hàn Zì 汉字 as the only official language in correspondences among the officials during his regime. Today, we still use the same official language - Chinese Mandarin in China, Taiwan and Singapore.

Moreover, Emperor Qin had promoted a comprehensive national system. Not only had he unified the standard weights and measures, but also he had implemented the unity of standard currency. Meanwhile, he introduced the standard length of axles in carts, creating unity for the transportation system in the Qin Dynasty. Emperor Qin's national system has been utilized up to today. He was the first Emperor of China; he was also the first person who had changed the entire history of China.

He was buried in a grand tomb accompanied by hundreds of thousands of terracotta warriors (Bīng Mǎ Yǒng 兵马俑) in the city named Xian (Xī Ān 西安), which is in Shanxi province (Shǎn Xī 陕西).

Today, it becomes one of the most prominent historical sites among the China tours. Every year, thousands of thousands tourists from all over the world go to visit his tomb. Many films have been shot in the site over the years. There are more stories about the Qin Dynasty, Emperor Qin and his spirits that are still waiting to be heard.

My friend, I hope you will enjoy visiting the magnificent Emperor Qin's tomb – The Mausoleum of Qin Shi Huang (Qín Shǐ Huáng Líng 秦始皇陵) in Xian 西安, China.

~ Grandpa Wu ~

Lesson 8
Dì Bā Kè
第 8 课

Seeing the Doctor
Kàn Yī Shēng
看 医 生

1.   **Kè wén Text**
                    课 文

Mary is not feeling well especially when she gets up in the morning.
So she decides to see her doctor for a physical exam.

Mǎ lì: Nǐ hǎo !   Jīn tiān, wǒ lái zuò tǐ jiǎn.
玛 丽   你 好!   今 天， 我 来 做 体 检。
            Hello!   Today, I am coming for a checkup.

Hù shì: Qǐng wèn,   nǐ jiào shén me míng zi ?
护 士   请 问， 你 叫 什 么 名 字?
            May I ask, what is your name?

Mǎ lì: Wǒ jiào Mǎ lì Bān sēn.   Nǐ shì Gāo Hù shì ma ?
玛 丽   我 叫 玛 丽 班 森。 你 是 高 护 士 吗?
            My name is Mary Benson.   Are you Nurse Gao?

Hù shì: Duì.   Qǐng zuò.   Qǐng děng yì děng.
护 士   对。   请 坐。   请 等 一 等。
        (You are) right.   Please have a seat.   Please wait for a moment.

Mary is waiting to see Doctor William Parker. Now he is coming.

Yī shēng: Nǐ hǎo, Mǎ lì !   Nǐ hǎo ma ?
医 生   你 好，玛 丽!   你 好 吗?
            Hello, Mary!   How are you?

Mǎ lì: Wǒ bú tài hǎo.
玛丽   我 不 太 好。
             I am not so good.

Yī shēng: Wèi shén me ?
医生   为 什 么?
             Why?

Mǎ lì: Měi tiān zǎo shàng, wǒ tóu hūn, xiǎng tù, méi yǒu lì qi.
玛丽   每 天 早 上， 我 头 昏， 想 吐， 没 有 力 气。
             Every morning, I feel dizzy, nauseous and have no strength.

Yī shēng: Zhèi yàng yǒu duō jiǔ le ?
医生   这 样 有 多 久 了?
             How long have you had the syndrome?

Mǎ lì: Liǎng ge xīng qī.
玛丽   两 个 星 期。
             Two weeks.

Yī shēng: Jīn tiān, nǐ xū yào yàn xuè, yàn niào.
医生   今 天, 你 需 要 验 血， 验 尿。
             Today, you need to have blood test and urine test.

            Xīng qī wǔ zài lái kàn wǒ.
            星 期 五 再 来 看 我。
            Come to see me again on Friday.

Mǎ lì: Hǎo.   Duō xiè, Pà kè Yī shēng.
玛丽   好。   多 谢, 帕 克 医 生。
             Okay.   Thanks a lot, Doctor Parker.

On Friday morning, David accompanies Mary to see Doctor Parker.

Doctor Parker is announcing the good news about Mary's pregnancy.

Yī shēng:　　Dà wèi,　gōng xǐ,　gōng xǐ !
医 生　　　　大 卫,　恭 喜,　恭 喜!
　　　　　　　David, congratulations!

　　　　　　　Mǎ lì　huái yùn le !
　　　　　　　玛 丽　怀 孕 了!
　　　　　　　Mary is pregnant!

Dà wèi:　　　Zhēn de ?
大 卫　　　　真 的?
　　　　　　　　Really?

Yī shēng:　　Zhēn de.　　Mǎ lì,　nǐ　huái　yùn　yí　ge　yuè　le.
医 生　　　　真 的。　玛 丽,你 怀 孕 一 个 月 了。
　　　　　　　Really.　　Mary, you have been pregnant for a month.

Mǎ lì:　　　　O,　wǒ　tài　gāo xìng　le !
玛 丽　　　　哦,　我　太　高 兴　了!
　　　　　　　Oh, I am so happy!

Dà wèi:　　　Hǎo　jí　le !　　Wǒ men　yào dāng Bà ba Mā ma le !
大 卫　　　　好 极 了!　我 们 要 当 爸 爸 妈 妈 了!
　　　　　　　Excellent!　　We are going to be Dad and Mom!
　　　　　　　　　　　　　　　　　　　　　　(become)

Yī shēng:　　Mǎ lì,　nǐ　měi tiān　dōu　yào　chī　Wéi Tā Mìng.
医 生　　　　玛 丽,你 每 天 都 要 吃 维 他 命。
　　　　　　　Mary, you have to take Vitamins every day.

Mǎ lì: Hǎo.   Wǒ <u>yí dìng</u> <u>jì zhù</u>.
玛丽   好。   我 <u>一 定</u> <u>记 住</u>。
Okay. I will <u>definitely</u> <u>remember</u> it.

Měi tiān, wǒ <u>dōu</u> yào chī Wéi Tā Mìng.
每 天， 我 <u>都</u> 要 吃 维 他 命。
Every day, I will take Vitamins <u>absolutely</u>.

Yī shēng: <u>Duō bǎo zhòng</u> !   Zài jiàn !
医 生   <u>多 保 重</u>！   再 见!
<u>Take good care</u> of yourself! Good-bye!

Mǎ lì: Duō xiè.   <u>Zhōu mò kuài lè</u> !
玛丽   多 谢。   <u>周 末 快 乐</u>!
Dà wèi: Duō xiè.   <u>Zhōu mò kuài lè</u> !
大 卫   多 谢。   <u>周 末 快 乐</u>!
Thanks a lot. <u>Have a pleasant weekend</u>!

2.   Shēng cí Vocabulary
生 词

1) kàn   看   to see, to look, to read

2) yī sheng 医生   doctor, physician

3) hù shì   护士   nurse

4) zuò   做   to do, to make

5) duì   对   right, correct

6)	Wèi shén me ? 为什么？		Why?
7)	měi tiān	每天	every day
8)	jīn tiān	今天	today
9)	míng tiān	明天	tomorrow
10)	hòu tiān	后天	the day after tomorrow
11)	zuó tiān	昨天	yesterday
12)	qián tiān	前天	the day before yesterday
13)	xīng qi	星期	week
14)	shēn tǐ	身体	body (health)
15)	tǐ jiǎn	体检	physical exam, checkup
16)	tóu hūn	头昏	dizzy
17)	xiǎng tù	想吐	nauseous
18)	lì qi	力气	strength
19)	zhèi yang (zhè yang) 这样		this way (feel like this)
20)	duō jiù	多久	how long
21)	huái yùn	怀孕	pregnant, pregnancy

22)	xū yào	需要	need
23)	yàn xuè	验血	blood test
24)	yàn niào	验尿	urine test
25)	zài	再	again
26)	gōng xǐ	恭喜	to congratulate, congratulation
27)	Zhēn de ?	真的？	Really?
28)	tài	太	so, too
29)	Hǎo jí le !	好极了！	Excellent!
30)	dāng	当	to become, to be
31)	dōu	都	all (to fulfill a plan absolutely)
32)	Wéi Tā Mìng	维他命	Vitamins
33)	yí ding	一定	definitely
34)	jì zhù	记住	to remember
35)	Duō bǎo zhòng !	多保重！	Take good care (of yourself)!
36)	zhōu mò	周末	weekend

3. Zhù jiě   Notes
注 解

1) "Zuò tǐ jiǎn 做体检 have a checkup"- is a commonly used jargon in the medical field. Her "zuò 做" means to do something.

2) "Qǐng wèn 请问 May I ask"- is a polite way to start a question. Usually, it is being used among higher educated individuals like professors, lawyers, doctors and/or corporate executives.

3) "Duì 对 Correct"- is an everyday expression among the Chinese which becomes a "must know word" before you learn anything in Chinese. Especially, for those who are traveling to China and doing business with the Chinese companies. "Duì 对 Correct" is used in everyday business for confirmation.

4) "Mǎ lì, měi tiān <u>dōu</u> yào chī Wéi Tā Mìng."
   玛 丽，每 天 <u>都</u> 要 吃 维 他 命。
   "Mary, (you) have to take the Vitamins every day."
   Here "<u>dōu</u> 都" plus verb means <u>a constant action</u> will be done.
   In Spoken Chinese, the usage of "dōu 都" is commonly expressed in daily communications. Example below:

   Měi tiān, wǒ dōu hē chá.
   每 天，我 都 喝 茶。
   Every day, I drink tea (I drink tea every day absolutely).

5) "Xīng qī wǔ 星期五 Friday"- is literally meaning week (day) five. In Chinese, it is much easier to express the seven days in a week than in English (see the list as shown in <u>Supplementary Section</u>).

Supplementary Section

A. The following is a list of the seven days of a week in Chinese:

Xīng qī yī	星期一	Monday
Xīng qī èr	星期二	Tuesday
Xīng qī sān	星期三	Wednesday
Xīng qī sì	星期四	Thursday
Xing qī wǔ	星期五	Friday
Xīng qī liù	星期六	Saturday
Xīng qī tiān (rì)	星期天 (日)	Sunday

B. The following is a list of the human body parts in Chinese:

1.liǎn 脸 face   2.yǎn jīng 眼睛 eyes   3.bí zi 鼻子 nose

4.zuǐ ba 嘴巴 mouth   5.yá chǐ 牙齿 teeth   6.ěr duo 耳朵 ear(s)

7.méi mao 眉毛 eyebrow(s) 8.tóu 头 head   9.tóu fa 头发 hair

10.shǒu 手 hand(s) 11.shǒu zhǐ 手指 finger(s) 12. shǒu bì 手臂 arm(s)

13. shǒu wàn 手腕 wrist   14. jiǎo 脚 feet   15.jiǎo zhǐ 脚趾 toe(s)

16. jiǎo huái 脚踝 ankle   17.xī gài 膝盖 knee   18. tuǐ 腿 leg(s)

19.bó zi 脖子 neck   20.jiān bǎng 肩膀 shoulder(s) 21.bèi 背 back

22.dù zi 肚子 belly 23.zhǐ jia 指甲 nail(s) 24. zuí chún 嘴唇 lip(s)

25.yāo bù 腰部 small of the back and around waist area

4. **Pīn yīn hé Sì shēng   Pronunciation**
拼 音 和 四 声

Initials d   h   j   q   sh   w
Finals   ing u   iao ing en   ei

1) dīng   díng   dǐng   dìng
    盯   -   顶   定
    stare   -   top   stability

2) hū   hú   hǔ   hù
    -         湖   虎   护
    -         lake   tiger   care

3) jiāo   jiáo   jiao   jiào
    教   嚼   搅   叫
    teach   chew   toss   call

4) qīng   qíng   qǐng   qìng
    清   情   请   庆
    clean   feeling   please   celebrate

5) shēn   shén   shěn   shèn
    深   神   审   肾
    deep   God   investigate kidney

6) wēi   wéi   wěi   wèi
    微   唯   伟   为
    tiny   only   great   for

5.   Yú fǎ   Grammar
　　　　语 法

In this lesson, you will continue to study with "**le** 了"- the sentence particle and the grammatical structure for future tense (see examples below).

1)   The particle "**le** 了" can indicate that something is about to happen or going to happen.

> Ān ní yào zǒu **le**.
> 安 妮 要 走 了。
> Annie is about to leave (Annie is going to leave).

2)   The future tense is to use "**yào** 要" plus "**le** 了" to indicate that something will happen: **yào + le = future tense**

> Xià Xīng qī yī,   wǒ **yào** qù Bō Shì Dūn **le**.
> 下 星 期 一， 我 要 去 波 士 顿 了。
> Next Monday, I **will** go to Boston.
> (Next Monday, I am **going to** Boston).

As you have learned, "**yào** 要" means "**want**". When "**yào** 要" and "**le** 了"are together in the sentence, they indicate the **future tense**. Please see the following example to practice more about future tense. Please pay attention to the sentence structure.

> Xià ge xīng qī,   tā **yào** shàng Zhōng wén kè **le**.
> 下 个 星 期， 她 要 上 中 文 课 了。
> Next week, she **will** attend the Chinese class.
> (Next week, she **will** take the Chinese class).

6. **Liàn xí Exercises**

练 习

1) Review and practice the following groups of Pinyin. Place the correct tone mark(s) over each word/phrase and translate:

    a. kan   b. yi sheng   c. hu shi   d. jin tian

    e. ti jian   f. dui   g. bu tai hao   h. duo bao zhong

    i. xu yao   j. xing qi wu   k. gong xi   l. huai yun

    m. hao ji lc   n. dang   o. wei ta ming   p. zhou mo

2) Form a group of 2 to 4 people to read aloud the dialogues of the text (or imagine yourself to play the characters in the text).

3) Make your own sentences out of the following words/phrases and translate each sentence after completing it:

a. kàn yī shēng	b. zuò tǐ jiǎn	c. duō bǎo zhòng	d. jīn tiān
看 医 生	做 体 检	多 保 重	今 天
to see the doctor	have a checkup	take good care	today

e. Wèi shén me ?	f. měi tiān zǎo shàng	g. tóu hūn	h. duō jiǔ
为 什 么?	每 天 早 上	头 昏	多 久
Why?	Every morning	dizzy	how long

i. méi yǒu lì qi	j. liǎng ge xīng qi	k. Lǐ Yī Shēng	l. hù shì
没 有 力 气	两 个 星 期	李 医 生	护 士
have no strength	two weeks	Doctor Li	nurse

4) Shí yòng huì huà
实 用 会 话
Practical Conversation

a. *This is a formal conversation between the Doctor (A) and his elderly patient (B).*

A: Wáng Xiān Sheng, nín hǎo ma ?
　　王 先 生， 您 好 吗？

B: Wǒ bú tài hǎo.
　　我 不 太 好。

A: Wèi shén me ?
　　为 什 么？

B: Wǒ <u>lā dù zi</u> le.
　　我 <u>拉 肚 子</u> 了。

A: Nín <u>kě néng</u> chī le bù <u>gān jìng</u> de dōng xi.
　　您 <u>可 能</u> 吃 了 不 <u>干 净</u> 的 东 西。

B: Wǒ chī le <u>yí diǎn diǎn</u> <u>guò qī</u> de <u>bǐng gān</u>.
　　我 吃 了 <u>一 点 点</u> <u>过 期</u> 的 <u>饼 干</u>。

A: Zhèi shì nín de <u>yào</u>.　Qǐng bú yào chī guò qī de dōng xi.
　　这 是 您 的 <u>药</u>。　请 不 要 吃 过 期 的 东 西。

B: Duō xiè Lín Yī Shēng.　Zài jiàn !
　　多 谢 林 医 生。　再 见！

b. *This is a casual conversation between two young people.*

A: Nǐ hái hǎo ma ?
你 还 好 吗？

B: Bú tài hǎo.
不 太 好。

A: Wèi shén me ?
为 什 么？

B: Wǒ gǎn mào le.
我 感 冒 了。

A: Hǎo hǎo xiū xi.   Duō bǎo zhòng !
好 好 休 息。   多 保 重！

B: Duō xiè.
多 谢。

7.   Dá àn   Answers
答 案

1)   a. kàn   b. yī shēng   c. hù shì   d. jīn tiān
看   医 生   护 士   今 天
see   physician/doctor   nurse   today

e. tǐ jiǎn   f. duì   g. bú tài hǎo   h. duō bǎo zhòng
体 检   对   不 太 好   多 保 重
physical exam   correct   not so good   take good care

i. xū yào
需 要
need

j. Xīng qī wǔ
星 期 五
Friday

k. gōng xǐ
恭 喜
congratulation(s)

l. huái yùn
怀 孕
pregnant

m. Hǎo jí le !
好 极 了 !
Excellent!

n. dāng
当
become

o. Wéi Tā Mìng
维 他 命
Vitamins

p. zhōu mò
周 末
weekend

3) a. Wǒ yào <u>kàn yī shēng</u>.
我 要 <u>看 医 生</u>。
I want <u>to see the doctor</u>.

a. Nǐ yào <u>zuò tǐ jiǎn</u> ma ?
你 要 <u>做 体 检</u> 吗 ?
Do you want to <u>have a checkup</u>?

b. Pí tè, qǐng duō bǎo zhòng !
皮 特, 请 多 保 重 !
Pete, please take good care of yourself!

c. <u>Jīn tiān</u> shì wǒ de shēng rì.
<u>今 天</u> 是 我 的 生 日。
<u>Today</u> is my birthday.

d. <u>Wèi shén me</u>, tā bú qù <u>yī yuàn</u> ?
<u>为 什 么</u>, 她 不 去 <u>医 院</u> ?
<u>Why</u> does she not go to the <u>hospital</u>?

e. <u>Měi tiān zǎo shàng</u>, wǒ men dōu hē kā fēi.
<u>每 天 早 上</u>, 我 们 都 喝 咖 啡。
<u>Every morning</u>, we drink coffee (absolutely).

159

f. Wǒ tóu hūn.

我 头 昏。

I feel dizzy.

g. Nín lái Měi guó <u>duō jiǔ</u> le ?

您 来 美 国 <u>多 久</u> 了?

<u>How long</u> have you been to America?

h. Wǒ <u>méi yǒu lì qi</u>.

我 <u>没 有 力 气</u>。

I <u>have no strength</u>.

i. Tā men qù Yīng guó <u>liǎng ge xīng qī</u>.

他 们 去 英 国 <u>两 个 星 期</u>。

They will go to England for <u>two weeks</u>.

j. <u>Lǐ Yī Shēng</u> shì wǒ men de hǎo péng you.

<u>李 医 生</u> 是 我 们 的 好 朋 友。

<u>Doctor Li</u> is our good friend.

k. Wáng Xiǎo Jiě shì tā de <u>hù shì</u>.

王 小 姐 是 他 的 <u>护 士</u>。

Miss Wang is his <u>nurse</u>.

4) Shí yòng huì huà

实 用 会 话

Practical Conversation

a. *This is a formal conversation between the Doctor (A) and his elderly patient (B).*

A: Wáng Xiān Sheng, nín hǎo ma ?
王　先　生，　您　好　吗？
How are you, Mr. Wang?

B: Wǒ bú tài hǎo.
我　不　太　好。
I am not so good.

A: Wèi shén me ?
为　什　么？
Why?

B: Wǒ lā dù zi le.
我　拉　肚　子　了。
I have had diarrhea.

A: Nín kě néng chī le bù gān jìng de dōng xi.
您　可　能　吃　了　不　干　净　的　东　西。
You probably have eaten something that was not clean (not fresh).

B: Wǒ chī le yí diǎn diǎn guò qī de bǐng gān.
我　吃　了　一　点　点　过　期　的　饼　干。
I ate a little overdue crackers.

A: Zhèi shì nín de yào.   Qǐng bú yào chī guò qī de dōng xi.
这　是　您　的　药。　请　不　要　吃　过　期　的　东　西。
This is your medicine.   Please do not eat overdue food.

B: Duō xiè Lín Yī Shēng.   Zài jiàn !
多　谢　林　医　生。　　再　见！
Thanks a lot, Dr. Lin.   Good-bye!

b. *This is a casual conversation between two young people. Sean (A) is coming to his friend Nick (B) at Nick's house. Please pay attention to the sentence of "Hǎo hǎo xiū xi 好好休息".*

A: Nǐ hái hǎo ma ?
你 还 好 吗?
 Are you okay?

B: Bú tài hǎo.
不 太 好。
Not so good.

A: Wèi shén me ?
为 什 么?
 Why?

B: Wǒ gǎn mào le.
我 感 冒 了。
 I have a cold.

A: Hǎo hǎo xiū xi.
好 好 休 息。
Take it easy and rest well.

 Duō bǎo zhòng !
多 保 重!
Take good care of yourself!

B: Duō xiè !
多 谢!
Thanks a lot!

8. **Yú nǐ fēn xiǎng To Share with You**
与 你 分 享

Grandpa Wu:
Wǔ Yé ye Chinese Traditional Medicine
武 爷 爷

Chinese herbal medicine has had a 5,000 year history. The discovery of Chinese herbal medicine was done by the Emperor Shen Nong (Shén Nóng 神农), who was a legendary ruler of agriculture and the founder of Chinese herbal medicine. Shen Nong experimented with more than 100 herbs and taught his people how to use them in their remedies. It has been told that Shen Nong was the father of Chinese traditional medicine.

In Ming Dynasty (Míng Cháo 明朝), Li Shi Zhen (Lǐ Shí Zhēn 李时珍), a well-known Chinese herbalist had written a book called "Běn Cǎo Gāng Mù 本草纲目" (The Herbal Medicine and Usages). This book has further developed the concepts of Chinese traditional medicine and the detailed treatments for a variety of diseases and preventions.

Today, Li's work has been translated into different languages which has become one of the unshakable reference works for the herbal medical studies. Chinese herbal medicine is one of the precious and important contributions to Chinese civilization.

When you visit Hubei province (Hú Běi 湖北) of China, I hope that you will go to Qi Zhou (Qí Zhōu 蕲州) to visit Li Shi Zhen's Memorial Center (李时珍纪念馆). It will help you to discover more about Chinese medicine, Chinese culture and wisdom.

~ Grandpa Wu ~

Lesson 9　　Making a Telephone Call
Dì Jiǔ Kè　　Dǎ Diàn Huà
第 9 课　　打 电 话

1.　　Kè wén　Text
　　　　课 文

Today, David Benson is making a business telephone call to Mr. Yao, Ping. He wants to have a business meeting with him. David has established good business relationships with many Chinese people in Los Angeles. Please pay attention to the telephone call etiquette.

Lín dá:　　　Zǎo shàng hǎo !　Lái Fú Gōng Sī.
琳 达　　　　早　上　好!　　来 福 公 司。
　　　　　　　Good morning!　　Lai Fu Company.

Dà wèi:　　　Wèi nín hǎo !　Qǐng wèn, Yáo Píng xiān sheng zài ma ?
大 卫　　　　喂 您 好!　　请 问, 姚 平 先 生 在 吗?
　　　　　　　Hello!　　　May I ask, is Mr. Yao, Ping there?

Lín dá:　　　Qǐng wèn, nín shì něi yí wèi ?
琳 达　　　　请 问, 您 是 哪 一 位?
　　　　　　　May I ask, who is calling?

Dà wèi:　　　Wǒ shì Dà wèi Bān sēn - Fēi Dá Gōng Sī zǒng jīng lǐ.
大 卫　　　　我 是 大 卫 班 森 - 飞 达 公 司 总 经 理
　　　　　　　I am David Benson - F. D. Corporation's general manager.

Lín dá:　　　Duì bù qǐ.　Tā zhèng zài kāi huì.
琳 达　　　　对 不 起。　他 正 在 开 会。
　　　　　　　I am sorry.　　He is having a meeting (now).

Dà wèi:	Méi guān xi.	Qǐng gào su tā, gěi wǒ dǎ diàn huà.
大卫	没 关 系。	请 告诉他，给 我 打 电 话。
	That's alright.	Please tell him give me a call.

Xiè xie nín.
谢 谢 您。
Thank you.

Lín dá:	Bú kè qi.	Zài jiàn !
琳达	不 客 气。	再 见！
	You are welcome.	Good-bye!

Mr. Yao calls David Benson after he finishes his morning meeting. He is looking forward to meet with David and discuss more business opportunities with him.

Yáo:	Wèi nín hǎo, Dà wèi !	Hǎo jiǔ bú jiàn.
姚	喂 您 好，大 卫！	好 久 不 见。
	Hello, David!	Long time no see.

Dà wèi:	Nín hǎo !	Nín zuì jìn zěn me yàng ?
大卫	您 好！	您 最 近 怎 么 样？
	Hello!	How is it going lately?

Yáo:	Wǒ gāng cóng Zhōng guó huī lái.
姚	我 刚 从 中 国 回 来。
	I just came back from China.

Máng de yì tā hú tu.
忙 得 一 塌 糊 涂。
I have been swamped.

Dà wèi: Nín Bà ba, Mā ma dōu hǎo ma?
大卫   您 爸爸，妈妈 都 好 吗？
     How are your Dad and Mom?

Yáo: Tā men dōu hěn hǎo.   Xiè xie.
姚   他 们 都 很 好。   谢 谢。
     They are all very good.   Thanks.

Dà wèi: Wǒ yǒu yí tào Hú Rén Duì yǐng jí yào gěi tā men.
大卫   我 有 一 套 湖 人 队 影 集 要 给 他 们。
     I have a set of Lakers photo albums for them.

Yáo: Nín zhēn yǒu xīn.   Xiè xie !
姚   您 真 有 心。   谢 谢！
     You are really thoughtful. Thanks!

     Duì bù qǐ.   Gāng cái wǒ zhèng zài kāi huì.
     对 不 起。   刚 才 我 正 在 开 会。
     I am sorry.   I was having a meeting just now.

     Bù néng jiē nín de diàn huà.
     不 能 接 您 的 电 话。
     I could not talk with you when you called.

     Nín yǒu shén me shì?
     您 有 什 么 事？
     What is it regarding?

Dà wèi: Wǒ xiǎng gēn nín - yuē ge shí jiān, jiàn ge miàn.
大卫   我 想 跟 您 -约 个 时 间，见 个 面。
     I would like to make an appointment with you for a meeting.

Dà wèi:	Míng tiān wǎn shàng, <u>nín yǒu kòng ma</u>?		
大 卫	明 天 晚 上, <u>您 有 空 吗</u>?		
	Tomorrow evening, <u>do you have time?</u>		

Yáo:	Wǒ yǒu kòng.	Jǐ diǎn?	<u>Zài nǎ er (nǎ lǐ)</u>?
姚	我 有 空。	几 点?	<u>在 哪 儿</u> (哪里)?
	(Yes) I have time.	What time?	<u>Where</u>?

Dà wèi:	Liù diǎn. Zài Wēi Lián Mǔ <u>Kā Fēi Tīng</u> <u>jiàn</u>.
大 卫	六 点。 在 威 廉 姆 <u>咖 啡 厅</u> <u>见</u>。
	6 O'clock. (We will) <u>meet</u> at William's <u>Café</u>.

Yáo:	Hǎo. <u>Bú jiàn bú sàn</u>!
姚	好。 <u>不 见 不 散</u>!
	Okay. <u>See you there!</u>

Dà wèi:	Bú jiàn bú sàn!
大 卫	不 见 不 散!
	See you there!

2.   Shēng cí Vocabulary
生 词

1)   dǎ diàn huà   打电话   making a phone call

2)   Wèi!   喂!   Hello! (It is used for phone calls only)

3)   něi yí wèi (nǎ yí wèi) 那一位   which person

4)   zài   在   at, in, on

5)	gōng sī	公司	company, corporation
6)	zǒng jīng lǐ	总经理	general manager
7)	Duì bù qǐ	对不起	Sorry (Excuse me)
8)	Méi guān xi	没关系	That's alright
9)	zhèng zài	正在	something is going on
10)	gào su	告诉	to tell
11)	hǎo jiǔ	好久	long time
12)	zuì jìn	最近	lately, recently
13)	Zěn me yàng ?	怎么样 ?	How is it (going)?
14)	kāi huì	开会	have a meeting, hold a meeting
15)	gāng	刚	just
16)	gāng cái	刚才	just now
17)	cóng	从	from
18)	huí lái	回来	back, come back
19)	máng	忙	busy
20)	máng de yì tā hú tu	忙得一塌糊涂	have been swamped (an idiom)

21)	gēn	跟	with, follow
22)	yuē ge shí jiān	约个时间	to make an appointment
23)	jiàn ge miàn	见个面	to see/to meet each other
24)	kòng	空	free time, space
25)	nǎ er (nǎ lǐ)	哪儿(哪里)	where
26)	wǎn shàng	晚上	evening/night
27)	zǎo shàng	早上	morning
28)	néng	能	can, may (could, might)
29)	bù néng	不能	cannot, may not (could not)
30)	jiē	接	to accept
31)	kā fēi tīng	咖啡厅	café
32)	Bú jiàn bú sàn!	不见不散!	See you there!
33)	Bà ba	爸爸	Dad
34)	Mā ma	妈妈	Mom
35)	yǒu xīn	有心	thoughtful
36)	shì	事	matter(s)

37)	yí tào	一套	a set
38)	Hú Rén Duì	湖人队	Los Angeles Lakers - a professional basketball team
39)	yǐng jí	影集	photo album

3.　　　Zhù jiě　Notes
注 解

1) "Wèi 喂 Hello"- is a common telephone greeting word. It is only used for telephone calls to acknowledge the person on the other side of the line. However, it will be rude to use it in the everyday greetings - as if you are saying "Hey you" in English.

2) "Nín shì něi yí wèi ? 您是哪一位？ Who is calling?" It is literally asking "You are which person?" This is one of the telephone etiquette. When someone calls your office or your company, you should be politely by using this expression to ask your question. Also, this expression can be used at any occasions in helping you to know who that person is (that person may know you and you may forget the name of that person).

3) "Yuē ge shí jiān 约个时间 to make an appointment"- is literally saying "to set a time"; "jiàn ge miàn 见个面 to have a meeting"- is literally meaning "to see/to meet each other". The two phrases are often used among the business people and the professionals for their appointments, meetings, and business lunches/dinners. Today, the two phrases are also utilized among the single men and single women who are dating.

4) "Hǎo jiǔ bú jiàn 好久不见 Long time no see"- is a commonly used expression to say to those whom you care - friends and families.

This expression implies that you have a close relationship with the person or people when you say it.

4.   **Pīn yīn hé Sì shēng   Pronunciation**
拼 音 和 四 声

Initials	b	t	g	z	c
Finals	u	ing	ang	ao	ong

1) bū   bú   bǔ   bù
    -          不   捕   布
    -          no   capture   cloth

2) tīng   tíng   tǐng   tìng
    厅   停   挺   -
    hall   stop   quite   -

3) gāng   gáng   gǎng   gàng
    刚   -   港   扛
    just   -   harbor   thick stick

4) zāo   záo   zǎo   zào
    糟   -   早   造
    too bad   -   morning   to make

5) cōng   cóng   cǒng   còng
    聪   从   -   -
    smart   from   -   -

171

As you have learned from these lessons, have you noticed about the tone changes for "bù 不 no"?

1. When "bù" appears by itself or is followed by a word/phrase with first, second or third tone, it is pronounced "bù"- fourth tone.

See examples below:

Bù: **Bù**. Wǒ **bù** néng qù. **Bù** shuō, **bù** lái, **bù** qǐng
不。 我 不 能 去。 不 说， 不 来， 不 请
No. I cannot go. Don't speak, don't come, don't invite

2. When "bù" is followed by a word/phrase with fourth tone, it will change its fourth tone to second tone (just to make that harmonic sound since Mandarin is a musical language).

See examples below:

Bú: **Bú** kè qi. **Bú** shì, **bú** yào, **bú** duì
不 客 气。 不 是， 不 要， 不 对
You are welcome. Not to be, do not want, is not correct

Please practice the tone changes. It takes time for you to get used to smoothly change the tones. Again, please remember that Chinese Mandarin is like a musical language that is one of the most crucial characteristics the language has.

5.   Yú fǎ   Grammar
语 法

In this lesson, you have studied the **Chinese idioms**. Today, the use of the key idioms is becoming more important for you to move to the next level, a higher level in your conversations with Chinese people.

Chinese idioms are called "**Chéng yǔ 成语**"- "set phrases". The idioms are a type of traditional Chinese idiomatic expressions; most of them consist four characters which have reflected the deep roots of Chinese culture and Chinese philosophical thoughts.

Nowadays, **Chéng yǔ 成语** are very commonly used in Chinese Writing and Chinese Speaking.

See examples:

> 1)   <u>Bú jiàn bú sàn</u> !
>   不 见 不 散!
>   We will <u>see each other (there) absolutely</u>!

Literally, it means do not leave till we see each other. It provides a sincere promise of meeting someone; it also shows a strong bond between the two parties.

> 2)   Máng de <u>yì tā hú tu</u>.
>   忙 得 <u>一 塌 糊 涂</u>。
>   (I) <u>have been swamped</u>.

Literally, it means I am swamped - extremely busy. It describes that one is in a very busy situation. You will often hear this expression among the Chinese restaurants and the Chinese markets.

3)   Tā <u>yí qì hē chéng</u> de chàng wán le zhèi shǒu gē.
        他 <u>一 气 呵 成</u> 地 唱 完 了 这 首 歌。
        He sang this song <u>with a miraculous completion</u>.

Literally, "yí qì hē chéng 一气 呵 成" means to complete (it) with one breath. Usually, this idiom is used to describe a musician, an artist, a poet, an actor or a performer for his/her brilliant gift in performing any forms of art.

Chinese idioms (Chéng yǔ 成语) are a part of Chinese tradition and treasure. In addition, **Chéng yǔ 成语** have been developing throughout the world by the Chinese ethnic groups in a variety of areas - business, industry, high-tech, education, arts, media, politics, medical and entertainment sectors.

6.   **Liàn xí   Exercises**
                        练 习

1)   Review and practice the following groups of Pinyin. Place the correct tone mark(s) over each word/phrase and translate:

     a. da dian hua   b. zao shang hao   c. qing wen   d. jing li

     e. dui bu qi   f. mang de yi ta hu tu   g. kai hui   h. gang

     i. yue ge shi jian   j. jian ge mian   k. zen me yang   l. hui lai

2)   Form a group of 2 to 4 people to read aloud the dialogues of the text (or imagine yourself to play the characters in the text).

3)   Make your own sentences out of the following words/phrases and translate each sentence after completing it:

a. dǎ diàn huà   b. Qǐng wèn   c. Duì bù qǐ   d. Méi guān xi
打 电 话   请 问   对 不 起   没 关 系
to make a phone call   May I ask   I am sorry   That's alright

e. gào su wǒ   f. hǎo jiǔ bú jiàn   g. Zěn me yàng? h. gēn nín
告 诉 我   好 久 不 见   怎 么 样?   跟 您
tell me   long time no see   How is it?   with you

4)   Shí yòng huì huà
实 用 会 话
Practical Conversation

a.   *This is a formal telephone conversation between the secretary (A) of Flying Dragon Company and the client (B).*

A: Zǎo shàng hǎo !   Fēi Lóng Gōng Sī.
早 上 好!   飞 龙 公 司。

B: Wèi nín hǎo !   Qǐng wèn, Zhāng Lì xiān shēng zài ma ?
喂 您 好!   请 问, 张 力 先 生 在 吗?

A: Qǐng wèn, nín shì něi yí wèi ?
请 问, 您 是 哪 一 位?

B: Wǒ shì Mài kè Shǐ dōng - tā de Měi guó péng you.
我 是 迈 克 史 冬 - 他 的 美 国 朋 友。

A: Duì bù qǐ.   Tā zhèng zài kāi huì.
对 不 起。 他 正 在 开 会。

175

B: Méi guān xi. Qǐng gào su tā, jīn tiān wǎn shàng qī diǎn
没 关 系。 请 告 诉 他, 今 天 晚 上 七 点

wǒ qǐng tā zài wǒ jiā chī fàn. Xiè xie nín.
我 请 他 在 我 家 吃 饭。 谢 谢 您。

A: Bú kè qi.   Zài jiàn !
不 客 气。   再 见 !

b. *This is a casual conversation between a young man and a young
lady. The young man, Jimmy is dating with this pretty lady Bonnie.*

A: Wèi nǐ hǎo, Bāng ní !   Wǒ shì Jié míng.
喂 你 好, 邦 妮 !   我 是 杰 明。

B: Nǐ hǎo, Jié míng !   Nǐ zuì jìn zěn me yàng ?
你 好, 杰 明 !   你 最 近 怎 么 样?

A: Hái hǎo.   Kě shì, wǒ hěn xiǎng nǐ !
还 好。   可 是, 我 很 想 你!

Wǒ xiǎng gěn nǐ yuē ge shí jiān, jiàn ge miàn.
我 想 跟 你 约 个 时 间, 见 个 面。

B: Zuì jìn, wǒ hěn máng. Zhèng zài zhǔn bèi kǎo shì.
最 近, 我 很 忙。 正 在 准 备 考 试。

Guò liǎng ge xīng qī, hǎo ma ?
过 两 个 星 期, 好 吗?

A: Hǎo. Xià zài jiù gēn nǐ yuē hǎo – xià xià ge Xīng qī liù
好。 现 在 就 跟 你 约 好 – 下 下 个 星 期 六

wǎn shàng qī diǎn, zài Xǐ Lè Kā Fēi Tīng jiàn.
晚 上 七 点，在 喜 乐 咖 啡 厅 见。

B: Hǎo. Bú jiàn bú sàn !
好。 不 见 不 散 !

A: Bú jiàn bú sàn !
不 见 不 散 !

7.   **Dá àn   Answers**
             答 案

1)   a. dǎ diàn huà   b. Zǎo shàng hǎo!   c. Qǐng wèn   d. jīng lǐ
     打 电 话   早 上 好!   请 问   经 理
     make a phone call   Good morning!   May I ask   manager

     e. Duì bù qǐ   f. máng de yì tā hú tu   g. kāi huì   h. gāng
     对 不 起   忙 得 一 塌 糊 涂   开 会   刚
     I am sorry   (I) have been swamped   held a meeting   just

     i. yuē ge shí jiān   j. jiàn ge miàn   k. Zěn me yàng?   l. huí lái
     约 个 时 间   见 个 面   怎 么 样?   回 来
     make an appointment   to see each other   How is it going? come back

3)   a. Tā yào <u>dǎ diàn huà</u>.
     她 要 <u>打 电 话</u>。
     She wants to <u>make a phone call</u>.

a. Qǐng wèn, Jīn Lǎo Shī zài ma ?
   请 问，金 老 师 在 吗？
   May I ask, is Instructor Golden there?

b. Duì bù qǐ.   Wǒ yào qù xǐ shǒu jiān.
   对 不 起。 我 要 去 洗 手 间。
   I am sorry.   I want to go to the bathroom.

c. Méi guān xi. Wǒ zài zhè lǐ děng nǐ.
   没 关 系。 我 在 这 里 等 你。
   That's alright.   I (will) wait for you here.

d. Qǐng gào su wǒ, nǐ shén me shí hòu lái Luò Shān Jī ?
   请 告 诉 我，你 什 么 时 候 来 洛 杉 矶？
   Please tell me, when will you come to Los Angeles?

e. Ān ní, hǎo jiǔ bú jiàn !
   安 妮，好 久 不 见！
   Annie, long time no see!

f. Mài kè, nǐ zuì jìn zěn me yàng ?
   迈 克，你 最 近 怎 么 样？
   Mike, how is it going lately?

g. Wǒ men xiǎng gēn nín yì qǐ qù kàn diàn yǐng.
   我 们 想 跟 您 一 起 去 看 电 影。
   We would like to go to see a movie with you.

4) Shí yòng huì huà
    实 用 会 话
    Practical Conversation

a.   *This is a formal telephone conversation between the secretary (A) of Flying Dragon Company and the client (B).*

A: Zǎo shàng hǎo !   Fēi Lóng Gōng Sī.
　　早 上 好!   飞 龙 公 司。
　　Good morning!   Flying Dragon Company.

B: Wèi nín hǎo !   Qǐng wèn, Zhāng Lì xiān shēng zài ma ?
　　喂 您 好!   请 问, 张 力 先 生 在 吗?
　　Hello!   May I ask, is Mr. Zhang Li there?

A: Qǐng wèn, nín shì něi yí wèi ?
　　请 问, 您 是 哪 一 位?
　　May I ask, who is calling?

B: Wǒ shì Mài kè Shǐ dōng - tā de Měi guó péng you.
　　我 是 迈 克 史 冬 - 他 的 美 国 朋 友。
　　I am Mike Stone - his American friend.

A: Duì bù qǐ.   Tā zhèng zài kāi huì.
　　对 不 起。   他 正 在 开 会。
　　I am sorry.   He is having a meeting (now).

B: Méi guān xi.   Qǐng gào su tā,   jīn tiān wǎn shàng qī diǎn
　　没 关 系。   请 告 诉 他, 今 天 晚 上 七 点
　　That's alright.   Please tell him that I am inviting him

　　wǒ qǐng tā zài wǒ jiā chī fàn.   Xiè xie nín.
　　我 请 他 在 我 家 吃 饭。   谢 谢 您。
　　for dinner at my house at 7 O'clock this evening.   Thank you.

A: Bú kè qi.   Zài jiàn !
        不 客 气。   再 见!
        You are welcome.   Good-bye!

b.   *This is a casual conversation between a young man and a young lady. The young man, Jimmy is dating with this pretty lady Bonnie.*

A: Wèi nǐ hǎo, Bāng ní !   Wǒ shì Jié míng.
        喂 你 好, 邦 妮!   我 是 杰 明。
        Hello, Bonnie!   I am Jimmy.

B: Nǐ hǎo, Jié míng !   Nǐ zuì jìn zěn me yàng ?
        你 好,杰 明!   你 最 近 怎 么 样?
        Hello, Jimmy!   How is it going lately?

A: <u>Hái hǎo.</u>   <u>Kě shì</u>, wǒ hěn xiǎng nǐ !
        还 好。 可 是,我 很 想 你!
        I am <u>okay</u>.   <u>But</u>, I miss you very much!

        Wǒ xiǎng <u>gěn nǐ yuē ge shí jiān</u>, <u>jiàn ge miàn</u>.
        我 想 跟 你 约 个 时 间, 见 个 面。
        I would like to <u>have a date with you</u>.

B: Zuì jìn, wǒ hěn máng. Zhèng zài <u>zhǔn bèi</u> <u>kǎo shì</u>.
        最 近,我 很 忙。   正 在 准 备 考 试。
        Recently, I am very busy. I am <u>preparing</u> for the <u>exam</u>.

        <u>Guò</u> liǎng ge xīng qī, hǎo ma ?
        过 两 个 星 期,好 吗?
        How about <u>after</u> two weeks?

A: Hǎo. Xià zài jiù gēn nǐ yuē hǎo – xià xià ge Xīng qī liù
好。 现 在 就 跟 你 约 好 – 下 下 个 星 期 六
Okay. Now, let's <u>just</u> confirm – to see each other on next

wǎn shàng qī diǎn, zài Xǐ Lè Kā Fēi Tīng jiàn.
晚 上 七 点，在 喜 乐 咖 啡 厅 见。
next Saturday evening at 7 O'clock, at Joyous Café.

B: Hǎo. Bú jiàn bú sàn !
好。 不 见 不 散!
Okay. See you there!

A: Bú jiàn bú sàn !
不 见 不 散!
See you there!

8.   Yú nǐ fēn xiǎng   To Share with You
与 你 分 享

Grandpa Wu:
Wǔ Yé ye   **The Tang Dynasty – A Magnificent Era**
武 爷 爷

The Tang Dynasty (Táng Cháo 唐朝 – 618 to 907 AD) was one of the most prosperous dynasties in Chinese history. The Tang Dynasty was a golden era for both the Chinese people and the non-Chinese people. The historians call it "The Great Tang" (Dà Táng 大唐) which they all have regarded the Tang Dynasty as a magnificent milestone in Chinese civilization. It was not only a golden age to unify a great deal of territory, but it was also a golden era for cultural and arts cultivation, exploration and development.

The Tang Dynasty had its capital located in Chang-an (Cháng Ān 长安) – present Xian (Xī Ān 西安) which was one of the busiest and populous cities in the ancient world. Trade was stretched to the South East Asia; Buddhist religion was reached to Korea and Japan. A powerful military was established in dominating Inner Asia; thus, it further secured the lucrative trade routes for the Silk Road from getting any kinds of damage.

During that golden era, Chinese culture was abundant, especially in poetry. It was said that the most influential and talented poets were "made' from this golden age – The Great Tang (Dà Táng 大唐), such as Du Fu (Dù Fǔ 杜甫), Li Bai (Lǐ Bái 李白), Wang Wei (Wáng Wéi 王维), Du Mu (Dù Mù 杜牧) and Bai Ju Yi (Bái Jū Yì 白居易)… just to name a few, they were all born into this golden age.

At this moment, I would like to share with you – one of my favorite poems named "A Joyful Rain on a Spring Night" by Du Fu (Dù Fǔ 杜甫).   Chūn Yè Xǐ Yǔ
春 夜 喜 雨

Hǎo yǔ zhī shí jié,   Fine rain knows the time to fall,
好 雨 知 时 节,

dāng chūn nǎi fā shēng.   it occurs when the spring comes.
当 春 乃 发 生。

Suí fēng qiǎn rù yè,   With the gentle breeze at night,
随 风 潜 入 夜,

ruèn wù xì wú shēng.   it showers everything delicately.
润 物 细 无 声。

Yě jìng yún jù hēi,   Dark clouds spread over the wild path;
野 径 云 俱 黑,

Jiāng chuán huǒ dú míng.   solely, a lantern looms in a river boat.
江 船 火 独 明。

Xiǎo kàn hóng shī chù,   One sees all saturated red flowers at dawn,
晓 看 红 湿 处,

Huā zhòng jǐn guān chéng.   this Silk Official Town is filled with blooms.
花 重 锦 官 城。

Jǐn-guān-chéng 锦官城 is present the City of Chengdu (Chéng Dū 成都), in Sichuan Province (Sì Chuān 四川). It was famous for its silk production and also a famous official who was in charge for the silk production lived in this town that time. Therefore, people called this town as "Jǐn-guān-chéng 锦官城" – the Silk Official Town.

My friend, I hope you enjoy Chinese history and poetry. When you have a chance to visit China, please do not forget to stop by the ancient Silk Official Town – Chengdu (Chéng Dū 成都). I am sure you will enjoy the beautiful panorama, delicious food and great people there.

~ *Grandpa Wu* ~

Lesson 10 At the Bank
Dì Shí Kè Zài Yín Háng
第 10 课 在 银 行

1. **Kè wén Text**
课 文

David is going to a local bank – East West Bank to exchange some RMB, China's currency before he goes to China for a business trip. And, he is thinking about purchasing a new house since he has gotten two new born babies recently.

Lǐ: Huān yíng! huān yíng! Wǒ néng <u>bāng nín</u> zuò shén me ?
李 欢 迎! 欢 迎! 我 能 <u>帮 您</u> 做 什 么?
Welcome! Welcome! What can I do <u>to help you</u>?

Dà wèi: <u>Qǐng bāng wǒ</u>, bǎ Měi jīn <u>huàn chéng</u> Rén Mín Bì.
大 卫 <u>请 帮 我</u>, 把 美 金 <u>换 成</u> 人 民 币。
<u>Please help me</u>, to <u>exchange</u> Dollars to RMB.

Lǐ: Nín <u>xiǎng</u> huàn duō shǎo qián ?
李 您 <u>想</u> 换 多 少 钱?
How much <u>would you like</u> to exchange?

Dà wèi: Sān qiān <u>Měi jīn</u>.
大 卫 三 千 <u>美 金</u>。
Three thousand <u>dollors</u>.

Lǐ: Qǐng tián hǎo <u>zhèi zhāng biǎo</u>. Xiè xie.
李 请 填 好 <u>这 张 表</u>。 谢 谢。
Please fill out <u>this form</u>. Thanks.

Lǐ: Jīn tiān de duì huàn lǜ shì: yī bǐ liù diǎn èr wǔ.

李   今 天 的 兑 换 率 是: **1 : 6 . 2 5** 。

           Today's exchange rate is: **1 : 6.25**.

Dà wèi: Zhèi shì wǒ de yín háng zhàng hào.

大卫   这 是 我 的 <u>银 行 帐 号</u> 。

         This is my <u>bank account</u>.

         Qǐng bāng wǒ <u>ná</u>, sān qiān Měi jīn. Xiè xie.

         请 帮 我 <u>拿</u>, 三 千 美 金。 谢 谢。

         Please help me <u>to take</u> out $3,000.   Thanks.

Lǐ: Bú kè qi.   Qǐng <u>gěi wǒ kàn yí kàn</u> nín de <u>jià zhào</u>.

李   不 客 气。   请 <u>给 我 看 一 看</u> 您 的 <u>驾 照</u>。

     You are welcome.   Please <u>show me</u> your <u>driver's license</u>.

Dà wèi: <u>Méi wèn ti</u>.   Zài <u>zhè er</u>.

大卫   <u>没 问 题</u>。   在 <u>这 儿</u>。

       <u>No problem</u>.   <u>Here</u> it is.

Lǐ: Hǎo.   Zhè er shì nín de <u>Rén Mín Bì</u>.

李   好。   这 儿 是 您 的 <u>人 民 币</u>。

      Okay.   Here is your <u>RMB</u>.

         Duō xiè.   <u>Zhōu mò kuài lè</u> !

         多 谢。   <u>周 末 快 乐</u>!

         Thanks a lot.   <u>Have a nice weekend</u> (Happy weekend)!

David plans to purchase a house and wants to know more details about getting a home mortgage loan from East West Bank. Now, he comes in to Miss Wang's office.

Dà wèi:　　Nín hǎo, Wáng xiǎo jiě!　　Xīn nián kuài lè!
大卫　　　您 好，王 小 姐!　　新 年 快 乐!
　　　　　　Hello, Miss Wang!　　　Happy New Year!

Wáng:　　　Xīn nián kuài lè!　　Wǒ néng bāng nín zuò shén me?
王　　　　　新 年 快 乐!　　我 能 帮 您 做 什 么?
　　　　　　Happy New Year!　　What can I do to help you?

Dà wèi:　　Wǒ xiǎng liǎo jiě, fáng wū dài kuǎn de shì qing.
大卫　　　我 想 了 解，房 屋 贷 款 的 事 情。
　　　　　　I would like to know about the home mortgage loan.

Wáng:　　　Hǎo.　　Qǐng zuò.　　Qǐng kàn!
王　　　　　好。　　请 坐。　　请 看!
　　　　　　Okay.　Please have a seat.　Please look!

　　Zhèi shì yǒu guān, wǒ men fáng wū dài kuǎn de jiè shào.
　　这 是 有 关，我 们 房 屋 贷 款 的 介 绍。
　　This is the introduction of our home mortgage loan programs.

　　Qǐng wèn, zhèi shì nín dì yī cì mǎi fáng zi ma?
　　请 问，这 是 您 第 一 次 买 房 子 吗?
　　May I ask, is this your first time to purchase a house?

Dà wèi:　　Duì.　　Wǒ men de liǎng gè hái zi gāng chū shēng.
大卫　　　对。　　我 们 的 两 个 孩 子 刚 出 生。
　　　　　　You are right.　Our two children were just born.

Dà wèi:　　Wǒ men xī wàng yǒu yí gè shū shì de fáng zi.
大卫　　　我 们 希 望 有 一 个 舒 适 的 房 子。
　　　　　　We hope to have a comfortable house.

Wáng:　　　Gōng xǐ, gōng xǐ !
王　　　　恭　喜，恭　喜!
　　　　　Congratulations!

　　　　　Shì nán hái zi, hái shì nǔ hái zi ?
　　　　　是　男　孩　子，还　是　女　孩　子?
　　　　　Are they boys or girls?

Dà wèi:　　Nán hái zi !　　Shuāng bāo tāi !
大 卫　　　男　孩　子!　　双　　胞　胎!
　　　　　Boys!　　　　Twin-boys!

　　　　　　　　　　　　　　(wèn hòu nǐ tài tai 你太太)
Wáng:　　　Hǎo jí le !　　Qǐng tì wǒ wèn hòu nín tài tai.
王　　　　好　极　了!　　请　替　我　问　候　您　太　太。
　　　　　Excellent!　　Please say "Hello" to your wife.

Dà wèi:　　Xiè xie.
大 卫　　　谢　谢。
　　　　　Thank you.

Wáng:　　　Rú guǒ, nín yǒu shén me wèn ti,
王　　　　如　果，您　有　什　么　问　题，
　　　　　If you have any questions,

　　　　　qǐng gēn wǒ lián luò.
　　　　　请　跟　我　联　络。
　　　　　please call me (please contact me).

Dà wèi:　　Duō xiè !　　Zhōu mò kuài lè !
大 卫　　　多　谢!　　周　末　快　乐!
　　　　　Thanks a lot!　　Have a nice weekend!

2. **Shēng cí Vocabulary**
生 词

1) yín háng   银行   bank

2) néng   能   can

3) bāng   帮   to help

4) zuò   做   to do, to make

5) bǎ   把   to take

6) shì qing   事情   matter, case

7) huàn, huàn chéng   换，换成 to exchange, to change

8) Rén Mín Bì   人民币   RMB – China's currency

9) duì huàn lǜ   兑换率   exchange rate

10) bǐ   比   to compare

11) zhàng hào   帐号   account

12) diǎn   点   point

13) ná   拿   to take

14) gěi   给   to give

15) kàn yí kàn   看一看   to take a look

16)	jià zhào	驾照	driver's license
17)	méi wèn ti	没问题	no problem, no questions
18)	zhè er	这儿	here
19)	nà er	那儿	there
20)	nǎ er	哪儿	where
21)	Zhōu mò kuài lè!	周末快乐!	Have a nice weekend!
22)	xiǎo jiě	小姐	miss
23)	Xīn Nián kuài lè!	新年快乐!	Happy New Year!
24)	xiǎng	想	would like to, to think
25)	liǎo jiě	了解	to find out, to know
26)	fáng wū dài kuǎn	房屋贷款	home mortgage loan
27)	zhāng	张	piece (measure word for paper/sheet)
28)	yǒu guān	有关	about
29)	jiè shào	介绍	introduction, to introduce
30)	fáng zi	房子	house
31)	dì yī cì	第一次	first time

32)	hái shì	还是	or
33)	hái zi	孩子	child, children (kid, kids)
34)	chū shēng	出生	to be born, birth
35)	xī wàng	希望	hope
36)	shū shì de	舒适的	comfortable
37)	gōng xǐ	恭喜	to congratulate, congratulations
38)	nán hái zi	男孩子	boy
39)	nǔ hái zi	女孩子	girl
40)	shuāng bāo tāi	双胞胎	twins (twin-boys, twin-girls)
41)	Hǎo jí le !	好极了!	Excellent!
42)	qǐng tì wǒ	请替我	please represent me (please do it for me)
43)	wèn hòu	问候	to greet, to send greetings
44)	duì	对	correct, right
45)	lián luò	联络	to contact
46)	rú guǒ	如果	if

3.   **Zhù jiě   Notes**
              注 解

1)   "Huān yíng, huān yíng 欢迎, 欢迎 Welcome, welcome!"
     It is a very traditional expression among the Chinese people
     when someone comes to visit at one's home, office and/or any
     business settings (a restaurant, a shop, a market or a bank). In
     Spoken Chinese, the form of <u>double expressions</u> is often used as
     shown above (Huān yíng, huān yíng 欢迎, 欢迎 Welcome,
     welcome!); it is a way to show one's sincerity and appreciation
     which is deeply rooted in Chinese culture. Please practice the
     following <u>double expressions</u> when you have an opportunity to
     speak Chinese with your Chinese friends. Please say "Duō xiè,
     duō xiè 多谢，多谢 many thanks, many thanks!" Also, please say
     "Hē ba, hē ba 喝吧，喝吧！Let's drink, let's drink!" You will
     have fun in practicing the <u>double expressions</u>.

2)   "Huàn, huàn chéng 换，换成 exchange"- both are the same
     meaning. "Huàn chéng 换成 exchange" is a longer version of
     "huàn 换 exchange". It is just like in English that has longer
     version of the same word. For instance, it has "examination"
     and its short version "exam".

3)   "Zhāng 张 piece"- is one of the measure words which is used in
     everyday conversations. "Zhāng 张 piece" is specifically used
     for paper/sheet and rectangular objects that they have flat surfaces
     as tables, desks and beds.

4)   "Měi jīn 美金 $ Dollar" and "Měi yuán 美元 $ Dollar" have the
     same meaning. However, "Měi jīn 美金 $ Dollar" is more used
     among the Chinese people outside of China (the United States,

Canada and the other countries); "Měi yuán 美元 $ Dollar" is more used among the people in China. If you travel often, you need to know both and be able to use both accordingly.

5)   "Méi wèn ti 没问题 No problem"- is also meaning "No questions". It is often used in business occasions. One will say: "Méi wèn ti. 没问题 No problem. Wǒ men yí dìng huì <u>qiān yue</u>.我们一定会<u>签约</u> We will <u>sign our contract</u> absolutely".

4.   **Pīn yīn hé Sì shēng   Pronunciation**
              拼 音 和 四 声

Initials   b   t   n   l   z   ch
Finals   ang   i   eng   iao   uo   eng

1)   bāng   báng   bǎng   bàng
      帮   -   绑   棒
      help   -   tie up   (a) stick

2)   tī   tí   tǐ   tì
      梯   题   体   替
      stairway title   body   on behalf of

3)   nēng   néng   něng   nèng
      -         能   -   -
      -         can   -   -

4)   liāo   liáo   liǎo   liào
      撩   聊   了   料
      lift up   chat   know   material

5)

zuō	zuó	zuǒ	zuò
作	琢	左	做
tease	ponder	left	do (to make)

6)

chēng	chéng	chěng	chèng
称	成	逞	秤
praise	become	show off	scale

5.   Yú fǎ   Grammar
             语 法

You have studied "yào 要 want", "xiǎng 想 would like to", and "néng 能 can". These are the **optative verbs**. The optative verbs are used to express hopes, desires, wills and possibilities; they usually appear before the regular verbs to form the sentences. See examples below:

Optative verb + verb

1)   Wǒ **yào** <u>qù</u> Fǎ guó.
      我 **要** 去 法 国。
      I **want to** <u>go to</u> France.

2)   Wǒ **xiǎng** <u>kàn</u> diàn yǐng.
      我 **想** 看 电 影。
      I **would like to** <u>see</u> a movie.

3)   Wǒ **néng** <u>chàng</u> zhèi shǒu Měi guó gē.
      我 **能** 唱 这 首 美 国 歌。
      I **can** <u>sing</u> this American song.

In this lesson, you will also learn the usages of **ordinal numbers**.
Chinese **ordinal numbers** are formed by adding the prefix "Dì 第 No."

Dì + number + measure word + noun

See examples below:

1)   Dì Yī Kè
     第 一 课
      Lesson 1   (First Lesson – No. 1 Lesson)

Jīn tiān, wǒ men xué xí Dì Yī Kè.
今 天， 我 们 学 习 第 一 课。
   Today, we study Lesson 1 - First Lesson.

2)   Dì sān gè xué shēng
     第 三 个 学 生
      Third student

Tā shì wǒ de dì sān gè xué shēng.
他 是 我 的 第 三 个 学 生。
   He is my third student.

3)   Dì yī wèi gē jù zhī wáng
     第 一 位 歌 剧 之 王
          First King of Opera

Duō Míng Gāo   shì shì jiè dì yī wèi gē jù zhī wáng.
多 明 高 是 世 界 第 一 位 歌 剧 之 王。
   Domingo is the first King of Opera in the world.

6. Liàn xí Exercises
练 习

1) Review and practice the following groups of Pinyin. Place the correct tone mark(s) over each word/phrase and translate:

a. zai yin hang   b. huan ying   c. bang nin/ni   d. zuo

e. qing bang wo   f. Mei jin   g. yin hang zhang hao   h. zhe er

2) Form a group of 2 to 4 people to read aloud the dialogues of the text (or imagine yourself to play the characters in the text).

3) Make your own sentences out of the following words/phrases and translate each sentence after completing it:

a. Wǒ néng bāng nín   b. Qǐng bāng wǒ   c. Xīn Nián   d. fáng zi
   我   能 帮 您   请 帮 我   新 年   房 子
   I can help you   Please help me   New Year   house

e. xiǎng   f. yǒu guān   g. fáng wū dài kuǎn   h. jiè shào
   想   有 关   房 屋 贷 款   介 绍
   would like to   about   home mortgage loan   to introduce

4) Shí yòng huì huà
   实 用 会 话
   Practical Conversation

a. *This is a formal conversation between the bank teller Alice (A) and her client Betty (B). Please pay attention for the use of these sentences: What can I do to help you? What else can I help you? Please help me to deposit.*

195

A: Xiǎo jiě, wǒ néng bāng nín zuò shén me ?
小 姐，我 能 帮 您 做 什 么？

B: Qǐng bāng wǒ cún liǎng qiān Měi jīn.
请 帮 我 存 两 千 美 金。

A: Qǐng tián hǎo zhei zhāng biāo.
请 填 好 这 张 表。

B: Méi wèn ti.
没 问 题。

A: Duì bù qi.   Zhèi liǎng gè shù zì shì 44 hái shì 99?
对 不 起。   这 两 个 数 字 是 44 还 是 99？

B: 99.   Duì bù qǐ.   Wǒ de zì xiě de bù qīng chǔ.
99。 对 不 起。 我 的 字 写 得 不 清 楚。

A: Méi guān xi.   Zhèi shì nín de shōu tiáo.
没 关 系。 这 是 您 的 收 条。

   Hái yǒu shén me shì qing, wǒ néng bāng nín ma ?
   还 有 什 么 事 情，我 能 帮 您 吗？

B: Méi yǒu le.   Duō xiè.
没 有 了。 多 谢。

A: Bú kè qi.   Yǒu yí gè měi hǎo de yì tiān !
不 客 气。 有 一 个 美 好 的 一 天！

b. *This is a conversation between two people. John (A) is helping his client Joel (B) to apply for a credit card.*

A: Nín hǎo!　Wǒ néng bāng nín zuò shén me ?
　　您 好!　我 能 帮 您 做 什 么

B: Wǒ xiǎng liǎo jiè shēn qǐng xìn yòng kǎ de shì qing.
　　我 想 了 解 申 请 信 用 卡 的 事 情。

A: Hǎo.　Qǐng zuò.　Qǐng kàn !
　　好。 请 坐。 请 看!

　　Zhèi shì yǒu guān shēn qǐng xìn yòng kǎ de <u>zī liào</u>.
　　这 是 有 关 申 请 信 用 卡 的 <u>资 料</u>。

B: Qǐng wèn, <u>shēn qǐng guò chéng</u> yào děng <u>duō jiǔ</u> ?
　　请 问, <u>申 请 过 程</u> 要 等 <u>多 久</u>?

A: Liǎng gè xīng qī.
　　两 个 星 期。

B: Nín néng bāng wǒ tiān shēn qǐng biǎo ma ?
　　您 能 帮 我 填 申 请 表 吗?

A: Hǎo.　Qǐng gěi wǒ kàn yí kan nín de jià zhào.
　　好。 请 给 我 看 一 看 您 的 驾 照。

B: Méi wèn ti.　Zài zhè er....
　　没 问 题。 在 这 儿......

John begins to help Joel to fill out his credit card application form.

197

A: Liǎng gè xīng qī hòu, wǒ huì dǎ diàn huà gěi nín de.
两 个 星 期 后，我 会 打 电 话 给 您 的。

B: Tài hǎo le !   Duō xiè.   Zài jiàn !
太 好 了! 多 谢。 再 见!

7.　　　　　　Dá àn　　Answers
答 案

1) a. zài yín háng　　b. huān yíng　　c. bāng nín/nǐ　　d. zuò
在 银 行　　　　欢 迎　　　　帮 您/你　　　做
at the bank　　　　welcome　　　　to help you　　　to do

e. qǐng bāng wǒ　f. yǒu guān　g. fáng wū dài kuǎn　h. jiè shào
请 帮 我　　　有 关　　房 屋 贷 款　介 绍
Please help me　　about　　home mortgage loan　to introduce

3)　　　　a. Jīn tiān, wǒ néng bāng nín zuò shén me ?
今 天，我 能 帮 您 做 什 么?
Today, what can I do to help you?

b. Qǐng bāng wǒ mǎi sān zhāng yīn yuè jù piào.
请 帮 我 买 三 张 音 乐 剧 票。
Please help me to purchase 3 musical tickets.

c. Zài Xīn Nián, tā huì yǒu yí gè xiǎo bǎo bao.
在 新 年，她 会 有 一 个 小 宝 宝。
In the New Year, she will have a little baby.

d. Zhèi gè fáng zi shì Dà wèi hé Mǎ lì de jiā.
这 个 房 子 是 大 卫 和 玛 丽 的 家。
This house is David and Mary's home.

e. Wǒ xiǎng kàn Duō Míng Gāo yǎn de gē jù.
我 想 看 多 明 高 演 的 歌 剧。
I would like to see an opera performed by Domingo.

f. Nèi shì yǒu guān Tāng-Mǔ Hàn-Kè-Sī de jiè shào.
那 是 有 关 汤 姆 汉 克 斯 的 介 绍。
That is an introduction about Tom Hanks.

g. Nín xiǎng liáo jiě fáng wū dài kuǎn de shì qing ma ?
您 想 了 解 房 屋 贷 款 的 事 情 吗?
Would you like to know about the home mortgage loan programs?

h. Wǒ men jiè shào, jiè shào ba !
我 们 介 绍, 介 绍 吧!
Let's introduce each other!

4)   Shí yòng huì huà
实 用 会 话
Practical Conversation

a.   *This is a formal conversation between the bank teller Alice (A) and her client Betty (B). Please pay attention for the use of these sentences: What can I do to help you? What else can I help you? Please help me to deposit.*

A: Xiǎo jiě, wǒ néng bāng nín zuò shén me ?
小 姐, 我 能 帮 您 做 什 么?
Miss, what can I do to help you?

B: Qǐng bāng wǒ cún liǎng qiān Měi jīn.
请 帮 我 存 两 千 美 金。
Please help me to deposit $2,000.

A: Qǐng tián hǎo zhei zhāng biāo.
请 填 好 这 张 表。
Please fill out this form.

B: Méi wèn ti.
没 问 题。
No problem.

A: Duì bù qi.   Zhèi liǎng gè <u>shù zì</u> shì 44 hái shì 99?
对 不 起。   这 两 个 <u>数 字</u> 是 44 还 是 99?
I am sorry.   Is this the <u>number</u> 44 or 99?

B: 99. Duì bù qǐ.   <u>Wǒ de zì</u> xiě de <u>bù qīng chǔ</u>.
99。 对 不 起。   <u>我 的 字</u> 写 得 <u>不 清 楚</u>。
99.   I am sorry.   <u>My writing</u> is <u>not clear</u>.

A: Méi guān xi.   Zhèi shì nín de <u>shōu tiáo</u>.
没 关 系。   这 是 您 的 <u>收 条</u>。
That's alright.   This is your <u>receipt</u> (deposit receipt).

Hái yǒu shén me shì qing, wǒ néng bāng nín ma ?
还 有 什 么 事 情, 我 能 帮 您 吗?
Do you have anything else that I can help you with?

B: Méi yǒu.   Duō xiè !
没 有。   多 谢!
(No) I don't have.   Many thanks!

A: Bú kè qi.   Yǒu yí gè <u>měi hǎo de</u> yì tiān !
不 客 气。   有 一 个 <u>美 好 的</u> 一 天!
You are welcome.   Have a <u>wonderful</u> day!

b. *This is a conversation between two people. John (A) is helping his client Joel (B) to apply for a credit card.*

A: Nín hǎo !   Wǒ néng bāng nín zuò shén me ?
您 好!   我 能 帮 您 做 什 么
Hello!   What can I do to help you?

B: Wǒ xiǎng liǎo jiè shēn qǐng xìn yòng kǎ de shì qing.
我 想 了 解 申 请 信 用 卡 的 事 情。
I would like to know about the credit card application.

A: Hǎo.   Qǐng zuò.   Qǐng kàn !
好。   请 坐。   请 看!
Okay.   Please have a seat.   Please look!

Zhèi shì <u>yǒu guān</u> shēn qǐng xìn yòng kǎ de <u>zī liào</u>.
这 是 <u>有 关</u> 申 请 信 用 卡 的 <u>资 料</u>。
This is <u>about</u> the <u>information</u> of the credit card application.

B: Qǐng wèn, <u>shēn qǐng guò chéng</u> yào děng <u>duō jiǔ</u> ?
请 问, <u>申 请 过 程</u> 要 等 <u>多 久</u>?
May I ask, <u>how long</u> does the <u>application process</u> take?

A: Liǎng gè xīng qī.
两 个 星 期。
Two weeks.

B: Nín néng bāng wǒ tiān shēn qǐng biǎo ma ?
您 能 帮 我 填 申 请 表 吗?
Can you help me to fill out the application form?

A: Hǎo.　Qǐng gěi wǒ kàn yí kan nín de jià zhào.
　好。　请 给 我 看 一 看 您 的 驾 照。
Okay.　Please show me your driver's license.

B: Méi wèn ti.　Zài zhè er.
　没 问 题。　在 这 儿。
No problem.　　Here it is.

John begins to help Joel to fill out his credit card application form.

A: Liǎng gè xīng qī <u>hòu</u>, wǒ <u>huì</u> dǎ diàn huà gěi nín de.
　两 个 星 期 后，我 会 打 电 话 给 您 的。
　　　<u>After</u> two weeks, I <u>will</u> call you.

B: Tài hǎo le !　Duō xiè.　Zài jiàn !
　太 好 了!　多 谢。　再 见!
　　Great!　Many thanks!　Good-bye!

8.　　　Yú nǐ fēn xiǎng　To Share with You
　　　　与 你 分 享

Grandpa Wu:
Wǔ Yé ye　　**What is Chinese Zodiac?**
武 爷 爷

　The **Chinese Zodiac** (Shēng Xiào 生肖) means the "circle of animals". It is a systematic program that relates each year to an animal for total of twelve animals which indicates a twelve-year life cycle; it is repeated every twelve years one after another. The twelve animals are (according to the Chinese Zodiac's order):

Rat (Shǔ 鼠), Ox (Niú 牛), Tiger (Hǔ 虎), Rabbit (Tù 兔), Dragon (Lóng 龙）, Snake (Shé 蛇), Horse (Mǎ 马), Sheep (Yáng 羊),
Monkey (Hóu 猴), Rooster (jī 鸡), Dog (Gǒu 狗) and Pig (Zhū 猪).

The Chinese people strongly believe that each animal represents a cultural attribute and influence of one's relationship to the life cycle upon one's personality and events/stages in one's life. For instance, if one was born in 1954, his zodiac sign is Horse; he is a person who loves his career and is always ready to learn new things/ideas in his life. Moreover, he loves travel and loves to be around with different people.

This year - 2014 is the **Year of Horse** (Mǎ Nián 马年). It is said all the people who were born in the **Year of Horse** should celebrate it together. 2014 is an exciting year with a driven energy for all challenging ideas, positive spirits and unique plans including some good relationships that some people have searched for a long time, will all be fulfilled within this year, the **Year of Horse**.

My friend, I hope you enjoy the **Year of Horse**, Chinese Zodiac and have fun in learning about your zodiac sign!

~ Grandpa Wu~

Lesson 11   Asking for Directions
Dì Shí Yī Kè   Wèn Lù
第 11 课   问 路

1.   **Kè wén   Text**
               课 文

David is having a business trip in Shanghai, China. Now he is asking for direction to the post office in Shanghai.

Dà wèi: Qǐng wèn, cóng zhè er qù yóu jú, <u>zěn me zǒu</u>?
大卫   请 问， 从 这 儿 去 邮 局， <u>怎 么 走</u>?
          May I ask, <u>how to get to</u> the post office from here?

Wáng: <u>Yóu jú</u> lí zhè er <u>hěn jìn</u>.
王   <u>邮 局</u> 离 这 儿 <u>很 近</u>。
         <u>The post office</u> is <u>very close</u> from here.

         Nǐ kě yǐ <u>zǒu lù qù</u>.
         你 可 以 <u>走 路 去</u>。
         You can <u>walk there</u>.

Dà wèi: <u>Shì bú shì</u> zài běi biān?
大卫   <u>是 不 是</u> 在 北 边?
         <u>Is it</u> north of here?

Wáng: <u>Shì de</u>.
王   是 的。
         (Yes). <u>It is</u>.

Dà wèi: **Dà gài** yào zǒu duō jiǔ ?

大卫 **大概** 要 走 多 久?

About how long do I need to walk?

Wáng: Wǔ fēn zhōng.

王 五 分 钟。

Five minutes.

Yì zhí zǒu, zài dì yí gè **hóng lǜ dēng** yòu zhuǎn.

一 直 走，在 第一 个 **红 绿 灯** 右 转。

Go straight, turn right at the first **traffic light**.

Yóu jú **jiù** zài **yòu biān**.

邮 局 **就** 在 **右 边**。

The post office is **just** on the **right side**.

Dà wèi: Duō xiè, duō xiè !

大卫 多 谢, 多 谢!

Thanks a lot, thanks a lot!

Wáng: Bú kè qi. Zài jiàn !

王 不 客 气。 再 见!

You are welcome. Good-bye!

David is at the post office now. He is talking with the post office clerk.
He speaks Mandarin to the post office clerk; the clerk is very pleased to
help this American gentleman who speaks beautiful Chinese Mandarin.

Dà wèi: **Wǒ yào jì zhèi fēng xìn**, **kuài dì** dào Měi guó.

大卫 **我 要 寄 这 封 信**，**快 递** 到 美 国。

I want to send this letter by **express mail** to the United States.

Dà wèi: Duō shǎo qián ?
大卫   多 少 钱?
How much is it?

Chén: Liǎng bǎi yuán.
陈   两 百 元。
Two hundred yuan.

Dà wèi: Dà gài yào <u>duō jiǔ dào</u> ?
大卫   大 概 要 <u>多 久 到</u>?
About <u>how long does it take to arrive</u>?

Chén: Qī tiān.   Nǐ <u>yào bú yào</u> mǎi yóu piào ?
陈   七 天。   你 <u>要 不 要</u> 买 邮 票?
Seven days.   Do you <u>want</u> to buy stamps (<u>or not</u>)?

Dà wèi: Yào.   Wǒ yào wǔ zhāng yóu piào,
大卫   要。   我 要 五 张 邮 票,
(Yes,) I want.   I want five stamps,

hé bā zhāng <u>míng xìn piàn</u>.
和 八 张 <u>明 信 片</u>。
and eight <u>post cards</u>.

Chén: Hǎo.   Yí gòng shì liǎng bǎi èr shí wǔ Yuán.
陈   好。   一 共 是 两 百 二 十 五 元。
Okay.   The total is two hundred twenty five Yuan.

Dà wèi: Zhè er shì sān bǎi Yuán.
大卫   这 儿 是 三 百 元。
Here is three hundred Yuan.

Chén:　　　Zhǎo nǐ qī shí wǔ Yuán.　　　　Xiè xie.

陈　　　　找 你 七 十 五 元。　　　　谢 谢。

Seventy five Yuan is your change.　　Thank you.

Dà wèi:　Bú kè qi. Qǐng wèn, Xiāng Yáng Gōng Yuán, zěn me zǒu ?

大卫　　不 客 气。请 问，襄 阳 公 园，怎 么 走?

You are welcome. May I ask, how to get to Xiang Yang Park?

Chén:　　Chū mén yòu zhuǎn.　　　　　　Yì zhí zǒu,

陈　　　出 门 右 转。　　　　　　　　一 直 走，

Turn right when you go out of this door.　　Go straight,

Guò liǎng tiáo mǎ lù hòu, gōng yuán jiù zài zuǒ biān.

过 两 条 马 路 后，公 园 就 在 左 边。

after passing two blocks, the park is just on the left side.

Dà wèi:　Duō xiè, duō xiè.　　　Zài jiàn !

大卫　　多 谢，多 谢。　　　再 见!

Thanks a lot, thanks a lot.　　Good-bye!

2.　　　　Shēng cí Vocabulary
生 词

1)　cǒng　　　　从　　　from

2)　zhè er　　　这儿　　　here

3)　yóu jú　　　邮局　　　post office

4)　zěn me　　　怎么　　　how, how to

5) lí   离   distance (from…to)

6) jìn   近   close to, near

7) yuǎn   远   far

8) dà gài   大概   about

9) běi 北 north,   nán 南 south,   dōng 东 east,   xī 西 west

10) duō jiǔ   多久   how long

11) zhōng 中 middle   zhōng jiān 中间 middle (longer version)

12) yì zhí zǒu   一直走   go straight

13) zài   在   at, in, on

14) hóng lǜ dēng   红绿灯   traffic light

15) yòu 右 right   yòu biān 右边 right side

16) zuǒ 左 left   zuǒ biān 左边 left side

17) zhuǎn   转   to turn

18) jì   寄   to mail, to ship

19) kuài dì   快递   express mail, express package

20) yóu piào   邮票   stamp(s)

21) tiáo   条   measure word for street, block and pants

22) lù 路 road   mǎ lù 马路   road, street, block

23) chū mén   出门   go out

24) guò   过   to pass, have done something

25) hòu 后   after   yǐ hòu 以后   after   (longer version)

26) qián 前   before   yǐ qián 以前   before (longer version)

27) jiù   就   just

28) fēng   封   measure word for letters

29) xìn   信   (a) letter

30) dào   到   to arrive

31) zhǎo   找   to find

32) Yuán   元   China's currency (RMB)

33) zǒu lù   走路   to walk

34) hòu biān   后边   back, behind

35) qián biān   前边   front, in front of

36) zhōng 中   middele   zhōng jiān 中间 middle (longer version)

37) lǐ 里 inside   lǐ biān 里边 inside (longer version)

38) wài 外 outside   wài biān 外边 outside (longer version)

39) shàng 上 up   shàng biān 上边 up (longer version)

40) xià 下 down   xià biān 下边 down

3.   **Zhù jiě   Notes**
                          注 解

1)   Dōng 东 East, Nán 南 South, Xī 西 West, Běi 北 North – they are used for directions on maps; in colloquial Chinese, they are paired with "biān 边 side".

    Examples: <u>Wǒ jiā</u> zai nán biān.
                    <u>我 家</u> 在 南 边。
                    <u>My house</u> is at the south side.

                    Wǒ men <u>zhù</u> zài Luò Shān Jī běi biān.
                    我 们 <u>住</u> 在 洛 杉 矶 北 边。
                    We are <u>living</u> at the north side of Los Angeles.

2) "Wǔ fēn zhōng 五分钟 Five minutes." Here "fēn zhōng 分钟 minutes" is the longer version of "fēn 分". In colloquial Chinese, "fēn zhōng 分钟 minutes" is used to emphasize the duration of a time frame to do something.

    Example:

Qù gōng yuán, yào zǒu shí fēn zhōng.

去 公 园， 要 走 十 分 钟。

It takes ten minutes to walk to the park.

3) "Zěn me zǒu? 怎么走? How to get there?" It is a commonly used expression when one asks for direction.

4) "Zhǎo nǐ shí wǔ Yuán 找你 15 元 Fifteen Yuan is your change." Here "zhǎo 找" literally means to "find" – to find your change.

5) "Zhèi fēng xìn 这封信 this letter", here "fēng 封" is a measure word for letter(s) only; it means sealed. It is crucial to memorize the basic measure words, such as "gè 个 piece/individual" for people, "zhāng 张" for paper/sheets and "bēi 杯 cup/glass" for tea, coffee and water.

4.   **Pīn yīn hé Sì shēng   Pronunciation**
         拼 音 和 四 声

Initials	p	f	j	y
Finals	ian	eng	ü	uan

1)

piān	pián	piǎn	piàn
偏	便	-	骗
remote	cheap	-	to deceive

2)

fēng	féng	fěng	fèng
风	逢	讽	凤
wind	meet	sarcastic	phoenix

3) jū   jú   jǔ   jù
    居   桔   举   聚
    live tangerine lift gather

4) yuān   yuán   yuǎn   yuàn
    渊   源   远   愿
    deep pool resource far   wish

5.   **Yú fǎ   Grammar**
                        语 法

Affirmative-Negative Questions are a unique grammatical form that Chinese has for asking questions. It provides both affirmative and negative answers within a question. Therefore, one can answer the question by simply choosing the affirmative answer or the negative answer (see examples below).

1) Question: Nǐ <u>shì bú shì</u> lǎo shī ?
                  你 <u>是 不 是</u> 老 师?
                  <u>Are you (or) are you not</u> a teacher?

    Answers: Shì.   Bú shì.
                  是。   不 是。
                  (I) am (a teacher).   (I) am not (a teacher).

2) Question: Nǐ <u>shì bú shì</u> Fǎ guó rén ?
                  你 <u>是 不 是</u> 法 国 人?
                  <u>Are you (or) are you not</u> French?

    Answers: Shì.   Bú shì.
                  是。   不 是。
                  (I) am (French).   (I) am not (French).

3) Question: Nǐ <u>yào bú yào</u> mǎi shū ?
你 <u>要 不 要</u> 买 书？
Do you <u>want (or) do not want</u> to buy a book?

Answers: Yào.   Bú yào.
要。   不 要。
(I) want (to buy a book).   (I) do not want (to buy a book).

4) Question: Nǐ ài bú ài wǒ ?
你 爱 不 爱 我？
Do you love me (or) do not love me?

Answers: Āi.   Wǒ <u>fēi cháng</u> ài nǐ !
爱。   我 非 常 爱 你!
(I) love (you).   I love you <u>very much</u>!

Bú ài.
不 爱。
(I) do not love (you).

5) Question: <u>Xué xiào</u> lí zhè er <u>jìn bú jìn</u> ?
<u>学 校</u> 离 这 儿 <u>近 不 近</u>？
Is <u>the school</u> <u>close or not close</u> from here?

Answers: Jìn.   Jiù zài <u>duì miàn</u>.
近。   就 在 <u>对 面</u>。
(It is) close (from here).   (It is) just <u>across</u> from here.

6) Question: Nǐ <u>zhī dào bù zhī dào</u> <u>Wài tān</u> zài nǎ lǐ ?
你 <u>知 道 不 知 道</u> <u>外 滩</u> 在 哪 里？
<u>Do you know (or) do not know</u> where is the <u>Bund</u>?

Answers: Zhī dào.   Bù zhī dào.
知 道。   不 知 道。
(I) know.   (I) do not know.

7) Question: Nǐ <u>shuō bù shuō</u> Zhōng wén ?
你 <u>说 不 说</u> 中 文?
Do you speak (or) do not speak Chinese?

Answers: Shuō.   Wǒ shuō <u>yì diǎn diǎn</u> Zhōng wén.
说。   我 说 <u>一 点 点</u> 中 文。
(I) speak (Chinese).   I speak <u>a little</u> Chinese.

Bù shuō.   Wǒ shuō <u>Yīng wén</u>.
不 说。   我 说 <u>英 文</u>。
(I) do not (speak Chinese).   I speak <u>English</u>.

6.   **Liàn xí Exercises**
练 习

1) Review and practice the following groups of Pinyin. Place the
correct tone mark(s) over each word/phrase and translate:

a. you ju   b. cong   c. zhe er   d. zen me

e. chu men   f. you bian   g. zuo bian   h. yi zhi zou

2) Form a group of 2 to 4 people to read aloud the dialogues of the
text (or imagine yourself to play the characters in the text).

3) Make your own sentences out of the following words/phrases and
translate each sentence after completing it:

a. yóu jú   b. zài dōng biān   c. hóng lǜ dēng   d. chū mén

邮 局   在 东 边   红 绿 灯   出 门

post office   at the east side   traffic light   go out

e. Zěn me zǒu ?   f. nǐ men kě yǐ   g. jì zhèi fēng xìn   h. hěn jìn

怎 么 走?   你 们 可 以   寄 这 封 信   很 近

How to get there?   you may/can   mail the letter   very close

4)   Shí yòng huì huà

实 用 会 话

Practical Conversation

This is a practical conversation between Mr. Ding (A) and Mr. Davis(B). Ding is Davis's next door neighbor. Today is Saturday, Davis wants to go to the movie theater to see a new movie.

A: Nǐ qù nǎ er ?

你 去 哪 儿?

B: Wǒ qù <u>kàn diàn yǐng</u>.

我 去 <u>看 电 影</u>。

A: Nǐ qù nǎ yí gè <u>diàn yǐng yuàn</u> ?

你 去 哪 一 个 <u>电 影 院</u>?

B: Guó Tài Diàn Yǐng Yuàn.

国 泰 电 影 院。

A: Guó Tài Diàn Yǐng Yuàn lí zhè er bù yuǎn.
国 泰 电 影 院 离 这儿 <u>不 远</u>。

B: Cóng zhè er qù Guó Tài Diàn Yǐng Yuàn, zěn me zǒu ?
从 这儿 去 国 泰 电 影 院， 怎 么 走?

A: Yì zhí zǒu, zài dì èr ge hóng lǜ dēng yòu zhuǎn.
一 直 走， 在 第 二 个 红 绿 灯 右 转。

Diàn yǐng yuàn jiù zài zuǒ biān.
电 影 院 就 在 左 边。

B: Dà gài yào zǒu duō jiǔ ?
大 概 要 走 多 久?

A: Shí fēn zhōng. Wǒ Mā ma de jiā, zài diàn yǐng yuàn dōng biān.
十 分 钟。 我 妈 妈 的 家，在 电 影 院 东 边。

Xiàn zài, wǒ yào qù wǒ Mā ma jiā. Wǒ hé nǐ yì qǐ zǒu ba !
现 在，我 要 去 我 妈 妈 家。我 和 你 一 起 走 吧!

B: Hǎo. Xiè xie nǐ.
好。 谢 谢 你。

A: Nǐ shì nǎ lǐ rén？
你 是 哪 里 人？

B: Wǒ shì Měi guó rén. Xiàn zài, wǒ zài Shànghǎi gōng zuò.
我 是 美 国 人。 现 在, 我 在 上 海 工 作。

A: Wǒ tài tai shì Shànghǎi rén. Tā yě zài Shànghǎi gōng zuò.
我 太 太 是 上 海 人。 她 也 在 上 海 工 作。

B: Hǎo jí le！ Huān yíng nǐ lái Shànghǎi！
好 极 了！ 欢 迎 你 来 上 海！

Kàn！ Wǒ men dào le. Guó Tǎi Diàn Yǐng Yuàn jiù zài zhè er.
看！ 我 们 到 了。 国 泰 电 影 院 就 在 这 儿。

B: Qǐng wèn, Zhōng wén zěn me shuō "Thank you very much"？
请 问, 中 文 怎 么 说 "Thank you very much"？

A: Fēi cháng gǎn xiè.
非 常 感 谢。

B: Fēi cháng gǎn xiè！ Zài jiàn！
非 常 感 谢！ 再 见！

7. **Dá àn** **Answers**
答案

1) a. yóu jú   b. cóng   c. zhè er   d. zěn me
    邮 局   从   这 儿   怎 么
    post office   from   here   how to

    e. chū mén   f. yòu biān   g. zuǒ biān   h. yì zhí zǒu
    出 门   右 边   左 边   一 直 走
    go out   right side   left side   go straight

3) a. Nǐ qù bú qù yóu jú?
    你 去 不 去 邮 局?
    Are you going to the post office?

    b. Wǒ jiā bù yuǎn, jiù zài dōng biān.
    我 家 不 远, 就 在 东 边。
    My home is not far, (it's) just at the east side (of here).

    c. Yì zhí zǒu, zài dì sān gè hóng lǜ dēng zuǒ zhuan.
    一 直 走, 在 第 三 个 红 绿 灯 左 转。
    Go straight, turn left at the third traffic light.

    Gōng yuán jiù zài yòu biān.
    公 园 就 在 右 边。
    The park is just on the right side.

    d. Chū mén yòu zhuǎn, shū diàn jiù zài yòu biān.
    出 门 右 转, 书 店 就 在 右 边。
    Turn right when you go out of the door, the bookstore is just on the right side.

e. Cóng zhè èr qù <u>tú shū guǎn</u> , <u>zěn me zǒu</u> ?
从　这　儿　去　<u>图　书　馆</u>,　<u>怎　么　走</u>?
<u>How to get to</u> the <u>library</u> from here?

f. <u>Nǐ men　kě yǐ</u> qù　Běijīng <u>Dà Xué</u>　<u>xué xí Zhōng wén</u>.
<u>你　们　可　以</u> 去 北 京 <u>大　学</u>　<u>学　习　中　文</u>。
<u>You can</u> go to Beijing <u>University</u> to <u>study Chinese</u>.

g. Jīn tiān, wǒ yào jì <u>zhèi fēng xìn</u>　kuài dì dào Měi guó.
今　天，　我　要　寄　<u>这　封　信</u>　快　递　到　美　国。
Today, I want to send <u>this letter</u> by express mail to America.

h. Nín de <u>bàn gōng shì</u>　lí zhè er <u>hěn jìn</u> ma ?
您　的　<u>办　公　室</u>　离　这　儿　<u>很　近</u>吗?
Is your <u>office</u> <u>very close</u> from here?

4) Shí yòng huì huà
实　用　会　话
Practical Conversation

This is a practical conversation between Mr. Ding (A) and Mr. Davis(B). Ding is Davis's next door neighbor. Today, Davis wants to go to the movie theater to see a new movie.

A: Nǐ qù nǎ er ?
你　去　哪　儿?
Where are you going?

B: Wǒ qù <u>kàn diàn yǐng</u>.
我　去　<u>看　电　影</u>。
I am going to <u>see a movie</u>.

A: Nǐ qù nǎ yí gè diàn yǐng yuàn ?
你 去 哪 一 个 电 影 院 ?
Which movie theater are you going to?

B: Guó Tài Diàn Yǐng Yuàn.
国 泰 电 影 院。
Guo Tai Movie Theater.

A: Guó Tài Diàn Yǐng Yuàn lí zhè er bù yuǎn.
国 泰 电 影 院 离 这 儿 不 远。
Guo Tai Movie Theater is not far from here.

B: Cóng zhè er qù Guó Tài Diàn Yǐng Yuàn, zěn me zǒu ?
从 这 儿 去 国 泰 电 影 院 , 怎 么 走 ?
How to get to Guo Tai Movie Theater from here?

A: Yì zhí zǒu, zài dì èr ge hóng lǜ dēng yòu zhuǎn.
一 直 走 , 在 第 二 个 红 绿 灯 右 转。
Go straight, turn right at the second traffic light.

Diàn yǐng yuàn jiù zài zuǒ biān.
电 影 院 就 在 左 边。
The movie theater is just on the left side.

B: Dà gài yào zǒu duō jiǔ ?
大 概 要 走 多 久 ?
About how long do I need to walk?

A: Shí fēn zhōng. Wǒ Mā ma de jiā, zài diàn yǐng yuàn dōng biān.
十 分 钟。 我 妈 妈 的 家 , 在 电 影 院 东 边。
Ten minutes. My Mom's home is at the east side of the theater.

Xiàn zài, wǒ yào qù wǒ Mā ma jiā.　Wǒ hé nǐ yì qǐ zǒu ba !
现 在，我 要 去 我 妈 妈 家。我 和 你 一 起 走 吧！
Now, I am going to my Mom's home.　Let me walk with you!

B:　Hǎo.　Xiè xie nǐ.
　　好。　谢 谢 你。
　　Okay.　Thank you.

A:　Nǐ shì nǎ lǐ rén ?
　　你 是 哪 里 人？
　　Where are you from? (What is your nationality?)

B:　Wǒ shì Měi guó rén.　Xiàn zài, wǒ zài Shànghǎi gōng zuò.
　　我 是 美 国 人。　现 在，我 在 上 海 工 作。
　　I am American.　　Now, I am <u>working</u> in Shanghai.

A:　Wǒ tài tai shì <u>Shànghǎi rén</u>. Tā yě zài Shànghǎi gōng zuò.
　　我 太 太 是 <u>上 海 人</u>。她 也 在 上 海 工 作。
　　My wife is <u>Shanghainese</u>.　She is also working in Shanghai.

B:　Hǎo jí le !　Huān yíng nǐ lái Shànghǎi !
　　好 极 了！　欢 迎 你 来 上 海！
　　Excellent!　　Welcome to Shanghai!

　　Kàn !　Wǒ men <u>dào le</u>.　Guó Tài Diàn Yǐng Yuàn jiù zài zhè er.
　　看！　我 们 <u>到 了</u>。国 泰 电 影 院 就 在 这 儿。
　　Look! We have arrived.　Guo Tai Movie Theater is just over here.

B:　Qǐng wèn, Zhōng wén <u>zěn me shuō</u> "Thank you very much"?
　　请 问，　中 文 <u>怎 么 说</u> "Thank you very much"?
　　May I ask, <u>how to say</u> in Chinese "Thank you very much"?

A: <u>Fēi cháng gǎn xiè</u>.

      非　常　感　谢。

      Thank you very much.

B: Fēi cháng gǎn xiè!   Zài jiàn!

      非　常　感　谢!   再　见!

      Thank you very much!   Good-bye!

8.   Yú nǐ fēn xiǎng   To Share with You
                  与　你　分　享

Grandpa Wu: **Do you "Baidu 百度"?**
Wǔ Yé ye
武　爷　爷

Baidu, Inc. is a well-known Chinese web services company. Today, it becomes one of the most prominent internet-search-services providers in the world. It has been established in January of 2000 by Robin Li (Lǐ Yàn Hóng 李彦宏) and Eric Xu (Xú Yǒng 徐勇). Baidu's headquarter is in Beijing, China.

Baidu offers many services over the years; especially, it has a very powerful Chinese language search engine for websites, audio files and images. In 2007, Baidu became the first Chinese company to be included in the NASDAQ-100 index.

Throughout all these years, Baidu has helped thousands of thousands people to find their needs in a variety of aspects: business opportunities, job opportunities, science research, cultural exchanges, educational development and personal enrichment in life. My family, friends and I all enjoy using "Baidu 百度" very much. We appreciate our "Baidu 百度" experiences and we have had a happy journey with "Baidu 百度" during all of the amazing years.

My friend, I hope you enjoy your "Baidu 百度" experience and find what you are looking for!

~ Grandpa Wu ~

Lesson 12   **Talking About Business**
Dì Shí Èr Kè   **Tán Shēng Yì**
第　12　课　　谈　生　意

1.   **Kè wén Text**
             课　文

David is having a conversation with Anna, his new business partner from China. They are talking about the new project – "Spirit".

Dà wèi: Nín hǎo, Ān nà !   Nín zuì jìn zěn me yàng ?
大卫   您 好，安 娜!   您 最 近 怎 么 样?
           Hello, Anna!   How is it going lately?

Ān nà: Wǒ hái hǎo.   Nín ne?
安娜   我 还 好。   您 呢?
         I am okay.   How about you?

Dà wèi: Wèi zhèi ge shāng yè jì huà àn, wǒ máng de yì tā hú tu.
大卫   为 这 个 商 业 计 划 案, 我 忙 得 一 塌 糊 涂。
         For this commercial project, I have been swamped.

Ān nà: Máng shì hǎo shì.   Míng nián, nín huì gèng máng.
安娜   忙 是 好 事。   明 年，您 会 更 忙。
        Busy is a good thing.   Next year, you will be busier.

Dà wèi: Nín yǒu méi yǒu shōu dào wǒ de diàn zǐ yóu jiàn ?
大卫   您 有 没 有 收 到 我 的 电 子 邮 件?
        Have you received my email?

Ān nà: Wǒ shōu dào le.   Xiè xie.
安娜   我 收 到 了。   谢 谢。
I received it.   Thank you.

Nín de jì huà àn – "Jīng Líng" hěn yǒu chuàng yì.
您 的 计 划 案 – " 精 灵 " 很 有 创 意。
Your project – "Spirit" is very creative.

Dà wèi: Wǒ xī wàng zhèi ge jì huà àn, huì shí xiàn
大 卫   我 希 望 这 个 计 划 案, 会 实 现
I hope that this project will fulfill

wǒ men de gòng tóng mèng xiǎng.
我 们 的 共 同 梦 想。
our mutual dream.

Ān nà: Wǒ yě xī wàng zhèi yàng.
安娜   我 也 希 望 这 样。
I hope so too.

Dà wèi: Xiàn zài, wǒ men xū yào páng dà de zī jīn,
大 卫   现 在, 我 们 需 要 庞 大 的 资 金,
Now, we need enormous funds -

lái wán chéng zhèi gè jì huà àn.   Xià gè xīng qi yī,
来 完 成 这 个 计 划 案。 下 个 星 期 一,
to complete this project.   Next Monday,

Wǒ yào qù Xīn Jiā Pō le.   Qù jiàn tóu zī rén.
我 要 去 新 加 坡 了。   去 见 投 资 人。
I will be going to Singapore.   I will go to see our investors.

Ān nà: Hǎo jí le !
安娜   好 极 了 ! Excellent!

David is in Singapore now. He is going to have a meeting with the
potential investors; Mr. Ma, Miss Li and David were school mates and
good friends at Stanford University, in the United States, about ten years
ago.

Lǐ: Huān yíng, huān yíng !
李   欢 迎, 欢 迎!
         Welcome, welcome!

Mǎ: Hǎo jiǔ bú jiàn.   Nín hǎo ma, Dà wèi ?
马   好 久 不 见。   您 好 吗, 大 卫?
         Long time no see.   How are you, David?

Dà wèi: Wèi zhèi gè shāng yè jì huà àn, wǒ máng de yì tā hú tu.
大 卫   为 这 个 商 业 计 划 案, 我 忙 得 一 塌 糊 涂。
         For this commercial project, I have been swamped.

Lǐ: Qǐng gěi wǒ men shuō yì shuō, zhèi gè shāng yè jì huà ān ba !
李   请 给 我 们 说 一 说, 这 个 商 业 计 划 案 吧!
         Please explain this commercial project to us!

Dà wèi: Shāng yè jì huà àn – "Jīng Líng" shì yí gè jié chū de
大 卫   商 业 计 划 案 – "精 灵" 是 一 个 杰 出 的
         The commercial project – "Spirit" is an outstanding

         gāo kē jì gōng chéng.
         高 科 技 工 程。
         project of high tech.

Dà wèi: Dì yī, <u>kāi shè</u> wǒ men de <u>gōng chǎng</u>.
大卫　 第一，<u>开 设</u> 我 们 的 <u>工 厂</u>。
　First, we will <u>build</u> our own <u>manufactory</u> (to make our own products).

　　　　 Dì èr, kāi shè wǒ men de <u>xué xiào</u>.
　　　　 第二，开 设 我 们 的 <u>学 校</u>。
Second, we will establish our own <u>school</u> (in training our own people).

　　　　 Dǐ sān, kāi shè wǒ men de <u>guó jì xiāo shòu wǎng</u>……
　　　　 第 三，开 设 我 们 的 <u>国 际 销 售 网</u>……
　　　 Third, we will establish our <u>international sales network</u>….

Lǐ: Dà wèi, wǒ hěn xī huān nín de jì huà àn – "Jīng Líng".
李 大卫， 我 很 喜 欢 您 的 计 划 案 – "精 灵"。
　　　　 David, I like your project – "Spirit" very much.

Mǎ: Wǒ yě yí yàng.
马 我 也 一 样。
　　　 So do I (me too).

Dà wèi: "Jīng Líng Yí Hào" shì yí gè <u>wēi xíng diàn nǎo</u>,
大卫 "精 灵 一 号" 是 一 个 <u>微 型 电 脑</u>,
　　　　 "Spirit One" is a micro-computer –

<u>zhǔ yào</u> yòng lái <u>fān yì</u>. <u>Tè bié shì</u> Zhōng wén fān yì.
<u>主 要</u> 用 来 <u>翻 译</u>。<u>特 别 是</u> 中 文 翻 译。
it is <u>mainly</u> for <u>translation</u>. <u>It is especially</u> for Chinese translation.

<u>Tā yǒu</u> tóng shēng fān yì de <u>tè bié gōng néng</u>……
<u>它 有</u> 同 声 翻 译 的 <u>特 别 功 能</u>……
<u>It has</u> the <u>specific function</u> in simultaneous interpretation….

Lǐ: Wǒ men yīng gāi <u>tóu zī</u> zhèi gè <u>gōng chéng</u>.

李   我 们 应 该 <u>投 资</u> 这 个 <u>工　程</u>。

We should <u>invest in</u> this <u>project</u>.

Mǎ: Duì.   Yào <u>mǎ shàng xíng dòng</u> !

马   对。   要 <u>马 上 行 动</u>!

You are right. (We have to) have <u>immediate action</u> (to this project).

Dà wèi: Fēi cháng gǎn xiè nín men de <u>dǐng lì xiāng zhù</u> !

大卫   非 常 感 谢 您 们 的 <u>鼎 力 相 助</u>!

Thank you very much for your <u>tremendous support</u>!

2.   Shēng cí Vocabulary
生 词

1)	tán	谈	to talk, to discuss, to chat
2)	shēng yì	生意	business
3)	hái hǎo	还好	okay
4)	shāng yè	商业	commercial, business
5)	jì huà	计划	plan
6)	jì huà àn	计划案	project
7)	wèi	为	for
8)	shì	事	matter, thing, case
9)	nián, ming nián	年，明年	year, next year

10)	huì	会	will, can
11)	máng, gèng máng	忙，更忙	busy, busier
12)	yǒu méi yǒu	有没有	have (or) have not
13)	diàn zǐ yóu jiàn	电子邮件	email
14)	shōu dào	收到	to receive
15)	xī wàng	希望	hope
16)	shí xiàn	实现	to fulfill
17)	gòng tóng	共同	mutual
18)	mèng xiǎng	梦想	dream
19)	zhèi (zhè) yàng	这样	this way, such
20)	xū yào	需要	need
21)	páng dà	庞大	enormous
22)	zī jīn	资金	fund(s)
23)	wán chéng	完成	to complete
24)	Xīn Jiā Pō	新加坡	Singapore
25)	tóu zī, tóu zī rén	投资, 投资人	to invest in, investor

26)	jié chū de	杰出的	outstanding
27)	gāo kē jì	高科技	high tech
28)	kāi shè	开设	to establish, to build
29)	gōng chǎng	工厂	manufactory
30)	xué xiào	学校	school
31)	guó jì	国际	international
32)	xiāo shòu wǎng	销售网	sales network
34)	wēi xíng diàn nǎo	微型电脑	micro-computer
35)	zhǔ yào	主要	mainly, principal
36)	yòng lái	用来	to use for
37)	fān yì	翻译	to translate, to interpret
38)	tóng shēng fān yì	同声翻译	simultaneous interpretation
39)	tè bié	特别	specific, especially
40)	gōng néng	功能	function
41)	yīng gāi	应该	should
42)	gōng chéng	工程	engineering, project

43)	mǎ shàng	马上	immediately, right away
44)	xíng dòng	行动	action
45)	fēi cháng gǎn xiè	非常感谢	thank you very much
46)	tā, tā yǒu	它，它有	it, it has
47)	dǐng lì xiāng zhù	鼎力相助	tremendous support or help

3.　　Zhù jiě　Notes
　　注 解

1) "Shāng yè jì huà àn 商业计划案 commercial project" is a jargon when one talks about his/her business project. Sometimes, some Chinese people will use "qì huà àn 企划案 project" instead of "jì huà àn 计划案 project". Example:

Wǒ men de <u>shāng yè jì huā àn</u>, <u>nín jué de</u> zěn me yàng?
我 们 的 <u>商 业 计 划 案</u>，<u>您 觉 得</u> 怎 么 样？
　　What <u>do you think</u> about our <u>business project</u>?

2) "Mǎ shàng xíng dòng 马上行动 immediate action" is commonly used in a variety of areas, especially in business. It sends an urgent message. Example:

Yào mǎ shàng xíng dòng, lái <u>fáng zhǐ</u> <u>bào fēng yǔ</u> de <u>xí jī</u>.
要 马 上 行 动，来 <u>防 止 暴 风 雨</u> 的 <u>袭 击</u>。
(We have to) have immediate action to <u>prevent</u> the <u>storm's</u> <u>raid</u>.

4. **Pīn yīn hé Sì shēng** **Pronunciation**
拼 音 和 四 声

Initials   p   ch   zh   sh
Finals   in   u   i   e

1)   pīn   pín   pǐn   pìn
      拼   频   品   聘
    put together   repeated   product   to hire

2)   chū   chú   chǔ   chù
      出   除   楚   处
   to appear   except   clear   to handle

3)   zhī   zhí   zhǐ   zhì
      知   直   只   制
   to know   straight   only   to make

4)   shē   shé   shě   shè
      奢   蛇   舍   设
   luxury   snake   give up   to establish

5.   Yú fǎ   Grammar
語 法

We have learned the form of Chinese **future tense** by using "**yào** 要 want" plus "**le** 了". Now we will learn to use "**huì** 会 will" to form a future tense. See examples below:

1)   Xià gè yuè, wǒ **huì** qù Běijīng hé Shanghǎi.
    下 个 月，我 **会** 去 北 京 和 上 海。
    Next month, I **will** go to Beijing and Shanghai.

In Chinese, the future tense is quite simple. It will be wonderful for You to remember that always <u>put the time first</u> (e.g. tomorrow, next week, next month and next year) <u>before your main sentence</u> (shown above). This way will guide you to create more of your own sentences and to develop your conversational skills faster and easier.

2)   Míng tiān zǎo shàng jiǔ diǎn, wǒ men huì lái kàn nǐ.
    明 天 早 上 九 点，我 们 会 来 看 你。
    Tomorrow morning at 9 O'clock, we will come to see you.

6.   Liàn xí   Exercises
练 习

1)   Review and practice the following groups of Pinyin. Place the correct tone mark(s) over each word/phrase and translate:

    a. ji hua an   b. fei chang   c. gan xie   d. xue xiao

    e. tou zi   f. gong chang   g. dian nao   h. kai she

2) Form a group of 2 to 4 people to read aloud the dialogues of the text (or imagine yourself to play the characters in the text).

3) Make your own sentences out of the following words/phrases and translate each sentence after completing it:

a. wèi 为 for
b. hái zi 孩子 child
c. tóu zī 投资 to invest in
d. fān yì 翻译 to translate

e. xī wàng 希望 hope
f. dǐng lì xiāng zhù 鼎力相助 tremendous support
g. tè bié 特别 especially
h. shōu dào 收到 to receive

4) Shí yòng huì huà
实用会话
Practical Conversation

This is a conversation between two business men. Mr. Wu (A) is meeting with Mr. Lin at a restaurant for lunch.

A: Hǎo jiǔ bú jiàn. Nín zuì jìn zěn me yàng?
好久不见。您最近怎么样?

B: Wèi wǒ men de shēng yì, máng de yì tā hú tu. Nín ne?
为我们的生意,忙得一塌糊涂。您呢?

A: Wǒ yě yí yàng.
我也一样。

234

B: Nín yǒu méi yǒu shōu dào wǒ de diàn zǐ yóu jiàn?
您　有　没　有　收　到　我　的　电　子　邮　件？

A: Wǒ shōu dào le.　<u>Kě shì</u>,　nín men de　<u>bào jià</u>　gāo le.
我　收　到　了。　<u>可是</u>,　您　们　的　<u>报价</u>　高　了。

　　Bān-sēn Gōng-sī de　bào jià，
　　班　森　公　司　的　报　价，

　　bǐ nín men <u>dī</u> le　<u>bǎi fēn zhī wǔ</u> (5%).
　　比　您　们　<u>低</u>　了　<u>百　分　之　五</u>。

A: <u>Wǒ xiǎng</u> yí dìng shì yǒu　<u>yuán yīn</u> de.
　<u>我　想</u>　一　定　是　有　<u>原　因</u>的。

　　<u>Kě néng shì</u> nín men de <u>kè hù</u>　dìng gòu liàng bù duō.
　　<u>可　能　是</u>　您　们　的<u>客户</u>　订　购　量　不　多。

　　Míng tiān, wǒ huì dǎ diàn huā géi Lǐ Jīng Lǐ <u>wèn míng</u>
　　明　天，我　会　打　电　话　给　李　经　理　<u>问　明</u>

　　yuán yīn.　<u>Rán hòu</u>, wǒ huì dǎ diàn huà gào su nín de.
　　原　因。　<u>然　后</u>，我　会　打　电　话　告　诉　您　的。

235

A: Hǎo. Xī wàng wǒ men néng jì xù hé zuò.
好。 希 望 我 们 能 继续合作。

7.   **Dá àn   Answers**
                       答 案

1)   a. jì huà àn   b. fēi cháng   c. gǎn xiè   d. xué xiào
        计 划 案   非 常   感 谢   学 校
        project   very much   to appreciate   school

     e. tóu zī   f. gōng chǎng   g. diàn nǎo   h. kāi shè
        投 资   工 厂   电 脑   开 设
        invest in   manufactory   computer   establish

3)   a, b. <u>Wèi</u> wǒ <u>hái zi</u> de <u>shēng rì</u>, wǒ máng de yì tā hú tu.
           <u>为</u> 我 <u>孩 子</u> 的 <u>生 日</u>,我 忙 得 一 塌 糊 涂。
           <u>For</u> my <u>child</u>'s <u>birthday</u>, I have been swamped.

     c. Wǒ xī wàng tā men huì <u>tóu zī</u> zhèi ge gōng chéng.
        我 希 望 他 们 会 <u>投 资</u> 这 个 工 程。
           I hope that they will <u>invest in</u> this project.

     d. Nín kě yǐ bāng wǒ <u>fān yì</u> ma ?
        您 可 以 帮 我 <u>翻 译</u> 吗?
        Can you help me to <u>translate</u> it?

     e. Wǒ men <u>xī wàng</u> míng nián qù <u>Yì Dà Lì</u>.
        我 们 <u>希 望</u> 明 年 去 <u>意 大 利</u>。
        We <u>hope</u> that we will go to <u>Italy</u> next year.

236

f. Wǒ men fēi cháng gǎn xiè nín men de dǐng lì xiāng zhù !
我 们 非 常 感 谢 您 们 的 鼎 力 相 助 !
We thank you very much for your <u>tremendous support</u> !

g. Zhèi shì yí gè <u>hěn tè biè de</u> jì huà àn.
这 是 一 个 <u>很 特 别 的</u> 计 划 案。
This is a <u>very special</u> project.

h. Jīn tiān, Mā ma <u>shōu dào le</u> wǒ men de lǐ wù.
今 天， 妈 妈 <u>收 到 了</u> 我 们 的 礼 物。
Today, Mom has <u>received</u> our gifts.

4) Shí yòng huì huà
实 用 会 话
Practical Conversation

This is a conversation between two business men. Mr. Wu (A) is meeting with Mr. Lin at a restaurant for lunch.

A: Hǎo jiǔ bú jiàn. Nín zuì jìn zěn me yàng ?
好 久 不 见。 您 最 近 怎 么 样？
Long time no see. How is it going lately?

B: Wèi wǒ men de shēng yì, máng de yì tā hú tu. Nín ne?
为 我 们 的 生 意， 忙 得 一 塌 糊 涂。 您 呢？
For our business, I have been swamped. And you?

A: Wǒ yě yí yàng.
我 也 一 样。
So do I (me too).

B: Nín yǒu méi yǒu shōu dào wǒ de diàn zǐ yóu jiàn?
您 有 没 有 收 到 我 的 电 子 邮 件?
Have you received my email?

A: Wǒ shōu dào le. <u>Kě shì</u>, nín men de <u>bào jià</u> gāo le.
我 收 到 了。<u>可 是</u>, 您 们 的 <u>报 价</u> 高 了。
I received it. <u>However</u>, your <u>price</u> is high.

Bān-sēn Gōng-sī de bào jià,
班 森 公 司 的 报 价,
Benson's price -

bǐ nín men <u>dī</u> le <u>bǎi fēn zhī wǔ</u> (5%).
比 您 们 <u>低</u> 了 <u>百 分 之 五</u>。
is <u>5%</u> <u>lower</u> than yours.

B: <u>Wǒ xiǎng</u> yí dìng shì yǒu <u>yuán yīn</u> de.
<u>我 想</u> 一 定 是 有 <u>原 因</u> 的。
<u>I think</u> that there must be a <u>reason</u>.

<u>Kě néng shì</u>, nín men de <u>kè hù</u> <u>dìng gòu liàng</u> bù duō.
<u>可 能 是</u>, 您 们 的 <u>客 户</u> <u>订 购 量</u> 不 多。
<u>Maybe</u>, your <u>clients'</u> <u>volume of order</u> is not a lot.

Míng tiān, wǒ huì dǎ diàn huā géi Lǐ Jīng Lǐ <u>wèn míng</u>
明 天, 我 会 打 电 话 给 李 经 理 <u>问 明</u>
Tomorrow, I will call Manager Li to <u>ask</u> him about

yuán yīn. <u>Rán hòu</u>, wǒ huì dǎ diàn huà gào su nín de.
原 因。 <u>然 后</u>, 我 会 打 电 话 告 诉 您 的。
the reason. <u>Then</u>, I will call you to tell you (the reason).

238

A:　　Hǎo.　Xī　wàng　wǒ men　néng　<u>jì xù　hé zuò</u>.
　　　好。　希　望　我　们　能　<u>继续合作</u>。
　　　Okay. I hope that we can <u>continue to collaborate</u> (in our business).

8.　　　　　　　　　**Yú　nǐ　fēn xiǎng　　To Share with You**
　　　　　　　　　　与　你　分　享

Grandpa Wu:
Wǔ Yé ye　　　　**Do you practice Tai Chi Chuan?**
武 爷 爷

My friend, do you practice Tai Chi Chuan? I have been practicing Tai Chi Chuan (Tài Jí Quán 太极拳) all my life and it gives me such a peaceful joy and a balance of good health in life. Many years ago, I have had the opportunity to study Tai Chi Chuan with one of the greatest masters of Yang's Tai Chi Chuan.

My master told me that Tai Chi Chuan is a Chinese ancient physical exercise that combined with a meditative process which is designed for one's body and mind to be working together for one's good health and unique balance. I have been told that Tai Chi Chuan – Tài Jí Quán 太极拳 can be translated in English as Supreme Ultimate Fist (Strength). The concept of supreme ultimate strength is often related with the Chinese idea of yin (yīn 阴) and yang (yáng 阳); the fist (quán 拳) is a way of achieving both energies (yin and yang) – allowing them to work well for one's need.

Throughout the Chinese history, Tai Chi Chuan has developed into five major traditional schools; the names are: Yang (Yáng 杨), Chen (Chén 陈), Wu-Hao (Wǔ-Hǎo 武-郝), Sun (Sūn 孙) and Wu (Wu 吴). According to the Chinese ancient medical statement that there is a vital energy – chi (qì 气) which animates every human-body; thus, Tai Chi Chuan helps to foster the circulation of this chi within one's body; it enhances one's inner health and balance. Hence, Tai Chi Chuan has become one of the favorite Chinese exercises among the Chinese people, especially the elderly people in their daily life.

In addition, Tai Chi Chuan can help one to have a tranquil mind with peaceful and pleasant spirits. It has helped me to keep the good health and balance in my entire life; I have to say "Tai Chi Chuan is a wonderful physical exercise for maintaining good health every day."

My friend, would you like to start practicing or learning Tai Chi Chuan today? I am sure it will help you to achieve your goals in life. I hope that you would like this form of exercise as much as I do.

~ Grandpa Wu ~

Chinese-English Glossary

A

ài	爱	love
Ā Mǎ Ní	阿玛尼	Armani (Italian famous brand)
Ān nà	安娜	Anna (girl's name)
Ān ní	安妮	Annie (girl's name)
ā yí	阿姨	aunt (auntie)

B

bā	八	eight
ba	吧	suggestive particle (Let's)
bǎ	把	to take
bà ba	爸爸	dad
bā	八	eight
bái	白	white
bái fàn	白饭	white rice
bái sè	白色	white (white color)
bái pú táo jiǔ	白葡萄酒	white grape wine
bǎi	百	hundred
Bǎi Lǎo Huì	百老汇	Broadway
bān	班	shift (shàng bān 上班 start work, work)
bǎn	板	board
bàn	半	half (thirty minutes)
bàn yè	半夜	midnight
bāng	帮	help
bǎng	绑	to tie up
bàng	棒	(a) stick, good, great
bǎo bao	宝宝	baby

bǎo chí	保持	to keep, to maintain
bēi	杯	cup (glass)
bèi	背	back
běi	北	north
běi biān	北边	north side
Běijīng	北京	Beijing (the capital of China)
Běijīng Fàn Diàn	北京饭店	Beijing Hotel
bǐ	比	to compare
bí zi	鼻子	nose
biǎo	表	form, watch
bīng	冰	ice
bīng chá	冰茶	iced tea
bīng kā fēi	冰咖啡	iced coffee
bīng qí lín	冰淇淋	ice cream
bīng shuǐ	冰水	ice water
bǐng gān	饼干	cracker, biscuit
bō cài	菠菜	spinach
Bō Shì Dūn	波士顿	Boston
bó zi	脖子	neck
bù	不	no, do not
bǔ	捕	to capture
bù	布	cloth
Bú jiàn bú sàn	不见不散	See you there (absolutely)!
bú kè qi	不客气	you are welcome (don't mention it)
bù néng	不能	cannot, may not (could not)

C

cāi	猜	to guess
cái	才	talent

cǎi	彩	colorful
cài	菜	dish, vegetable
cài dān	菜单	
cān ting	餐厅	restaurant, café
cǎo méi	草莓	strawberry
cōng	葱	green onion
cōng	聪	smart, clever
cóng	从	from
cún	存	deposit
cún qián	存钱	to save money, to deposit money
chá	茶	tea
chǎo	炒	stir-fry (pan-fried)
cháng chang	常常	often
cháng	长	long
chàng	唱	to sing
chēng	称	to praise
chéng	成	to become
chěng	逞	to show off
chèng	秤	scale
chéng sè	橙色	orange (orange color)
chéng zi	橙子	orange
chéng zhī	橙汁	orange juice
chī	吃	to eat
chí	池	pond
chǐ	尺	ruler (for measurement)
chì	斥	to scold
chī fàn	吃饭	to have a meal (to eat a meal)
chū shēng	出生	to be born, birth
chuān	穿	to wear

D

dá àn	答案	answer(s)
dǎ	打	to beat, to hit
dà	大	big, large
dà gài	大概	about
Dà wèi	大卫	David (an English name)
dǎ diàn huà	打电话	to make a phone call
dài	带	to bring
dàn gāo	蛋糕	cake
dàn yán sè	淡颜色	light color(s)
dāng	当	to become, to be
dāng rán	当然	of course
dào	到	to arrive, arrival
de	的	is used as a possessive word as 's
dēng	灯	light, lamp
děng	等	to wait, level
děng yì děng	等一等	wait for a moment
dèng	登	stool
dì	第	No. (prefix for ordinal number)
dì yī	第一	No. 1, first
dì yī cì	第一次	first time
dī	低	low
dí	敌	enemy
dǐ	抵	arrival, arrive
diǎn	点	O'clock, point
diǎn cài	点菜	to order dishes (to order food)
diàn yǐng	电影	movie
diàn zǐ yóu jiàn	电子邮件	email

dīng	盯	to stare
dǐng	顶	top
dǐng lì xiāng zhù	鼎力相助	tremendous support/help
dìng	定	stability
dōng tiān	冬天	winter
dōng	东	east
dōng biān	东边	east side
dōng xi	东西	stuff, thing(s)
dōu	都	all, both
dòu fu	豆腐	tofu
Dòu Bàn Yú Piàn	豆瓣鱼片	Fish Fillet with Hot Bean Sauce
dù zi	肚子	belly
duì	对	correct, right
duì huàn lǜ	兑换率	currency exchange rate
duì bù qǐ	对不起	(I'm) sorry, excuse me
duō	多	many, a lot
Duō bǎo zhòng！	多保重！	Take good care (of yourself)!
duó	夺	to seize
duǒ	躲	to hide
duò	剁	to chop
duō jiǔ	多久	how long
duō xiè	多谢	thanks a lot, many thanks
Duō shǎo qián	多少钱？	How much (money)?
Duō shǎo gè rén	多少个人？	How many people?
Duō shǎo gè xuē sheng	多少个学生？	How many students?

E

ér	儿	son
ěr (ěr duo)	耳(耳朵）	ear(s)

èr	二	two

F

Fǎ guó	法国	France
Fān yì	翻译	to translate, to interprete
fàn	饭	meal, cooked rice
fàn guǎn	饭馆	restaurant, café
fàn diàn	饭店	hotel, large restaurant
fāng	方	square
fáng	房	house
fǎng	纺	to spin
fàng	放	to put, to lay
fáng zi	房子	house
fáng wū dài kuǎn	房屋贷款	home mortgage loan
fēi cháng gǎn xiè	非常感谢	thank you very much
fēi	飞	to fly
féi	肥	fat
fěi	翡	jade
fèi	费	cost
fēn	分	minute(s), cent
fén	坟	grave
fěn	粉	powder
fèn	愤	anger
fēn xiǎng	分享	to share
fēn jiǔ	汾酒	a kind of Chinese white liquor
fěn hóng sè	粉红色	pink (pink color)
fēng	封	to seal, sealed
fù	付	to pay
fù jìn	附近	near, near by

G

Gān bēi !	干杯 !	Cheers! Bottom(s) up!
gān bèi	干贝	scallop
gān jìng	干净	clean
gǎn mào	感冒	have a cold
gǎng	港	harbor
gàng	扛	thick stick
gāng	刚	just
gāng cái	刚才	just now
gāng dào	刚到	just arrived
gāo xìng	高兴	glad, happy
gāo	高	tall, high
gāo kē jì	高科技	high tech
gào sù	告诉	to tell
gē	歌	song
gē jù	歌剧	opera
gē jù zhī wáng	歌剧之王	King of Opera
gé lí	蛤蜊	clam
gěi	给	to give
gēn	跟	with, follow
gèng	更	more (than)
gèng máng	更忙	busier
gōng sī	公司	company, corporation
gōng néng	功能	function
gōng chǎng	工厂	manufactory
gōng zuò	工作	work, job
gōng chéng	工程	project, engineering
gōng xǐ	恭喜	to congratulate, congratulation

gōng yuán	公园	park
gòng tóng	共同	mutual
gòu wù	购物	shopping
guāng lín	光临	to come
guāng yīn	光阴	time (ancient expression)
guī	归	to return
guǐ	鬼	ghost
guì	贵	expensive, noble, honorable
guì xìng	贵姓	honorable last name (surname)
guó, guó jiā	国, 国家	country
guó jì	国际	international
guò	过	pass, someone has done something
guò qī	过期	overdue
guò chéng	过程	process
guǒ zhī	果汁	fruit juice

H

Hàn yǔ	汉语	Chinese Language (Han's Language)
Hàn zì	汉字	Chinese character(s)
hái	还	still
hái hǎo	还好	okay
hái shì	还是	or, still (the same)
hái yào	还要	also want, still want,
hái yǒu	还有	still have
hái zi	孩子	child, children
hǎi xiān	海鲜	seafood
hǎo	好	good, fine, nice, well, okay
Hǎo bù hǎo ?	好不好？	Okay?
hǎo chī	好吃	delicious

Hǎo jí le !	好极了！	Excellent!
Hǎo jiǔ	好久	long time
hāo	蒿	wormwood
háo	壕	trench
hào	耗	exhaust
hào (rì)	号 (日)	number, date
háng bān hào	航班号	flight number
háng kōng gōng sī	航空公司	airline(s)
hē	喝	to drink
hē shuǐ	喝水	to drink water
hé	和	and
hé shì	合适	to fit, suitable
hēi sè	黑色	black (black color)
hěn	很	very
hěn hǎo	很好	very good
hōng	轰	boom
hóng	红	red
hóng sè	红色	red (red color)
hóng lǜ dēng	红绿灯	traffic light
hǒng	哄	to humbug
hòng	讧	uproar
hóng chá	红茶	black tea
hóng dòu tāng	红豆汤	red bean soup
hóng pú táo jiǔ	红葡萄酒	red grape wine
hòu	后	after
hòu biān	后边	back, behind
hòu tiān	后天	the day after tomorrow
hú	湖	lake
Hú Rén Duì	湖人队	Los Angeles Lakers (basketball team)

hú luó bo	胡萝卜	carrot
hǔ	虎	tiger
hù	护	care
hù shì	护士	nurse
huā cài	花菜	cauliflower
huái yùn	怀孕	pregnant, pregnancy
huān yíng	欢迎	welcome
huàn, huàn chéng	换，换成	to change, to exchange
huāng	荒	barren
huáng	黄	yellow
huǎng	谎	(a) lie
huàng	晃	to shake
huáng guā	黄瓜	cucumber
huáng sè	黄色	yellow (yellow color)
huī sè	灰色	grey (grey color)
huí	回	to return
huí lái	回来	to come back, to return
huì	会	can, will, meeting
huì huà	会话	conversation (jargon for language study)
huǒ jī	火鸡	turkey
huǒ jī ròu	火鸡肉	turkey meat
huǒ tuǐ	火腿	ham

J

jī	鸡	chicken
jī ròu	鸡肉	chicken meat
jī wěi jiǔ	鸡尾酒	cocktail
jǐ	几	how many
jǐ diǎn	几点	what time

250

Jǐ wèi?	几位?	How many people? (a classical expression)
Jǐ gè rén?	几个人?	How many people?
jī lì	激励	to encourage
jī piào	机票	airline ticket
jì zhù	记住	to remember
jì	寄	to mail, to ship
jì huà	计划	to plan
jì huà àn	计划案 (qì huà àn 企划案) project
jiā	家	home, house, family
jiá	颊	cheek
jiǎ	假	fake
jià	驾	drive
jià zhào	驾照	driver's license
jiā	加	to add
jiā zhōu	加州	California
jiān	间	space, between
jiǎn	检	to checkup
jiàn	见	to meet, to see
jiàn	件	measure word for upper body clothes
jiān bǎng	肩膀	shoulder(s)
jiàn dào	见到	to meet, to see (longer version of "jiàn 见")
jiàn ge miàn	见个面	to see/to meet each other
jiǎng	讲	to speak, talk, say
jiǎng jià	讲价	to bargain about the price
jiāo	教	to teach
jiáo	嚼	to chew
jiǎo	搅	to toss
jiào	叫	to call, to be called
jiǎo	脚	foot (feet)

jiǎo huái	脚踝	ankle(s)
jiǎo zhǐ	脚趾	toe(s)
jiǎo zi	饺子	dumpling(s)
jiào shòu	教授	professor
jiē	接	to accept, to pick someone up
jiē wǒ	接我	to pick me up
jié chū de	杰出的	outstanding
jiè shào	介绍	to introduce, introduction
jìn	近	close to, near
jīn tiān	今天	today
jīn sè	金色	golden color
jīng lǐ	经理	manager
jiǔ	九	nine
jiǔ	酒	alcohol (wine, liquor, beer)
jiǔ lèi	酒类	alcoholic drinks
jiù	就	just
jiù zhèi yang	就这样	that's all, that's it
juǎn xīn cài	卷心菜	cabbage

K

kā fēi	咖啡	coffee
kā fēi tīng	咖啡厅	café
kā fēi sè	咖啡色	coffee color (brown)
kāi	开	to open
kāi huì	开会	to hold a meeting
kāi shè	开设	to establish, to build
kāi yǎn	开演	to start (a movie, a performance)
kàn	看	to see, to look, to watch
kàn kan, kàn yí kàn	看看，看一看	to take a look

kàn wàng	看望	to visit, to see
kǎo yā	烤鸭	Roast Duck
kè	课	lesson, class
kě ài	可爱	lovely, sweet, cute
kě lè	可乐	Coke
kě néng	可能	may be, probably
kě rén	可人	Karen
kě yǐ	可以	may, can
kè (kè rén)	客(客人)	guest
kè wén	课文	text
kuài lè	快乐	happy, pleasant
kuài	快	fast, quick
kuài dì	快递	express mail, express package
kuài	块	piece, buck (money: yī kuài - one buck)
kuàng quán shuǐ	矿泉水	mineral water

L

Lā dù zi	拉肚子	diarrhea
là jiāo	辣椒	chili pepper
lán méi	蓝莓	blueberry
lán sè	蓝色	blue (blue color)
lǎn	懒	lazy
làn	烂	splendid
lǎo	老	old
lǎo shī	老师	teacher, instructor
lái	来	to come, coming
lái huí jī piào	来回机票	round trip
le	了	particle for past tense, present perfect tense and future tense

lěng	冷	cold
lí	梨	pear
lí	离	distance (from… to)
lǐ, lǐ biān	里，里边	inside
lì qi	力气	strength (energy)
lì shǐ	历史	history
lǐ wù	礼物	gift(s)
liǎn	脸	face
lián luò	联络	to keep in touch, to contact
liàn xí	练习	to practice, exercise
liǎng	两	two (to indicate time, people, and things)
liǎng diǎn	两点	two O'clock
liǎng gè rén	两个人	two people
liǎng bēi shuǐ	两杯水	two glasses of water
liāo	撩	to lift up
liáo	聊	to chat
liǎo	了	to know
liào	料	material
liáo tiān	聊天(聊)	to chat
liǎo jiě	了解	to find out, to know
liè jiǔ	烈酒	liquor
liù	六	six
liù diǎn	六点	six O'clock
liù diǎn bàn	六点半	six thirty (6:30)
lóng	龙	dragon
Lóng Jǐng Chá	龙井茶	Dragon Well Tea
lóng xiā	龙虾	lobster
lōu	搂	gather up
lóu	楼	building, floor

lǒu	篓	basket
lòu	漏	leak
lù	路	road, street
lǘ	驴	donkey
lǚ	旅	to travel
lǜ	绿	green
lǜ sè	绿色	green (green color)
lǜ chá	绿茶	green tea
lǚ xíng	旅行	travel, trip
Luò-Shān-Jī	洛杉矶	Los Angeles

M

mā ma	妈妈	mom
ma	吗	used at the end of a question as a particle
má	麻	numb, hemp
mǎ	马	horse
mà	骂	to scold
mǎ lù	马路	road, street, block
mǎ shàng	马上	immediately, at once
mǎ shàng lái	马上来	to come immediately
mǎ shàng qù	马上去	to go immediately
mǎ shàng zǒu	马上走	to leave immediately
Má Pó Dòu Fu	麻婆豆腐	Mapo Tofu
mái	埋	to burry
mǎi	买	to purchase
mài	卖	to sell
mài wán	卖完	sold out
mǎi dōng xi	买东西	shopping
mān	颟	confused

mán	蛮	savage
mǎn	满	full
màn	慢	slow, slowly
màn man	慢慢	to take one's time to do something
màn man hē	慢慢喝	to take one's time to drink (enjoy it)
màn man chī	慢慢吃	to take one's time to eat (enjoy it)
máng	忙	busy
máng de yì tā hú tu	忙得一塌糊涂	have been swamped (an idiom)
máo yī	毛衣	sweater
mào zi	帽子	cap, hat
méi mao	眉毛	eyebrow(s)
méi zǐ jiǔ	梅子酒	plum wine
měi	美	beautiful
Měi guó	美国	America, the United States
Měi guó rén	美国人	American
měi hǎo de	美好的	beautiful, wonderful
měi tiān	每天	every day
měi yuán (měi jīn)	美元 (美金)	dollar ($)
měi shí	美食	delicacy
méi guān xi	没关系	that's alright
méi wèn ti	没问题	no problem, no question(s)
méi yǒu	没有	do not have (does not have, did not have)
mèng, mèng xiǎng	梦，梦想	dream
mǐ jiǔ	米酒	rice wine
miàn	面	noodles, flour, face
miāo	喵	mew
miáo	苗	sprout
miǎo	渺	uncertain
miào	妙	exquisite

míng pái	名牌	famous brand (name brand)
míng piàn	名片	business card
míng nián	明年	next year
míng tiān	明天	tomorrow
míng zì	名字	name (full name)
mó gū	蘑菇	mushroom

N

nǎ	哪	which
nǎ er	哪儿	where
nǎ lǐ	哪里	where
nà (nèi)	那	that
nà er	那儿	there
nà lǐ	那里	there
nán	南	south
nán biān	南边	south side
nán	男	male
nán hái zi	男孩子	boy
nán péng you	男朋友	boyfriend
ne	呢	used at the end of a question as a particle
něi yí wèi	哪一位	which person
nèi ge	那个	that, that one
néng	能	can, may (could, might)
ní	泥	mud
nǐ	你	you (singular)
nì	腻	greasy
nǐ de	你的	your, yours (singular)
nǐ men	你们	you (plural)
nǐ men de	你们的	your, yours (plural)

nín	您	you (respectful you – singular)
nín de	您的	your, yours (respectful your – singular)
nín men	您们	you (respectful you – plural)
nín men de	您们的	your, yours (respectful your – plural)
níng méng	柠檬	lemon
nián	年	year
nián gāo	年糕	New Year's Cake
niú nǎi	牛奶	milk
niú pái	牛排	beef steak
niú ròu	牛肉	beef
Niǔ yuē	纽约	New York City, New York
nǚ	女	female
nǚ hái zi	女孩子	girl
nǚ péng you	女朋友	girlfriend
nǚ shì	女士	lady

O

ò	哦	oh

P

pán	盘	plate
páng xiè	螃蟹	crab
páng dà	庞大	enormous
péng you	朋友	friend
piào	票	ticket
piào liàng	漂亮	pretty, beautiful
pí jiǔ	啤酒	beer
pīn	拼	to put…together

pīn yīn	拼音	to put sounds together
píng	瓶	bottle
píng guǒ	苹果	apple
píng guǒ zhī	苹果汁	apple juice
pú táo	葡萄	grapes
pú táo jiǔ	葡萄酒	grape wine
pú táo yòu	葡萄柚	grape fruit
pú táo zhī	葡萄汁	grape juice

Q

qī	七	seven
qí	奇	strange
qǐ	起	up
qì	气	air
qǐ sī dàn gāo	起司蛋糕	cheese cake
qiān	千	thousand
qián	钱	money
qián	前	before
qián biān	前边	front, in front of
qián tiān	前天	the day before yesterday
qiǎo kè lì	巧克力	chocolate
qiǎo kè lì bīng qí lín	巧克力冰淇淋	chocolate ice cream
qiǎo kè lì dàn gāo	巧克力蛋糕	chocolate cake
qīn ài de	亲爱的	darling, dear
Qín Cháo	秦朝	Qin Dynasty
Qín Shǐ Huáng	秦始皇	Emperor Qin
qín ròu	禽肉	poultry (poultry meats)
qīng jiāo	青椒	green pepper
qīng	清	clear, clean

qíng	情	feeling
qǐng	请	please, invite
qìng	庆	to celebrate
qǐng wèn	请问	may (I) ask, may (I) know
qǐng jìn	请进	please come in
qǐng zuò	请坐	please have a seat
qǐng shuō	请说	please speak, please talk
qǐng shàng chē	请上车	please get in the car (bus)
qǐng tì wǒ	请替我	please represent me (please do it for me)
qīng cài	青菜	bok choy, green leafy vegetables
Qīng Chǎo Dòu Miáo	清炒豆苗	Stir-fried Pea Pods Leaves
qù	去	to go, to leave, going to,

R

rè	热	hot
rè chá	热茶	hot tea
rén	人	person, people
Rén Mín Bì	人民币	RMB – China's currency
rì	日	date, day, sun
rú guǒ	如果	if

S

sān	三	three
sān kè	三刻	three quarters (forty five minutes)
sǎn	伞	umbrella
sì	四	four
sì jì dòu	四季豆	string bean
sì shēng	四声	four tones

sū dǎ shuǐ	苏打水	sparkling water
sù shuō	诉说	state, talk about
suān nǎi	酸奶	yogurt
shāng yè	商业	commercial, business
shàng, shàng biān	上, 上边	up
shàng bān	上班	to work, start work
shàng děng de	上等的	superb, first-class
shàng gè (shàng yí gè)	上个 (上一个)	last (last one)
shàng kè	上课	to attend (a) class, to take a class
shàng wǔ	上午	morning (from 9 am – before noon)
shàng xué	上学	to go to school
shàng dà xué	上大学	to attend (the) university
Shàng-hǎi	上海	Shanghai
shēn	深	deep
shén	神	God
shěn	审	investigate
shèn	肾	kidney
shén me	什么	what
shén me shí hòu	什么时候	when
shēn qǐng	申请	application, apply
shēn rù	深入	profound, profoundly
shēn tǐ	身体	body (health)
shēn yán sè	深颜色	dark color(s)
shēng cí	生词	vocabulary
shēng	生	birth
shéng	绳	rope
shěng	省	province
shèng	盛	prosperity
shēng rì	生日	birthday

shēng jiān bāo	生煎包	pan fried bun(s)
shēng xiào	生肖	Chinese zodiac
shēng yì	生意	business
shì	是	yes, verb to be (am, are, is, was, were)
shì, shì qing	事，事情	matter, thing, case
shí	十	ten
shí yī	十一	eleven
shí èr	十二	twelve
shí sān	十三	thirteen
shí sì	十四	fourteen
shí wǔ	十五	fifteen
shí liù	十六	sixteen
shí qī	十七	seventeen
shí bā	十八	eighteen
shí jiǔ	十九	nineteen
shí jiān	时间	time
shí xiàn	实现	to fulfill
shí yòng	实用	practical
shì jiè	世界	world
shì yí shì	试一试	to try
shōu dào	收到	to receive, to get
shǒu	手	hand(s)
shǒu bì	手臂	arm(s)
shǒu wǎn	手腕	wrist(s)
shǒu zhǐ	手指	finger(s)
shōu tiáo	收条	receipt
shǒu	首	measure word for poem(s) and song(s)
shū	书	book
shù zip	数字	number(s)

shū cài	蔬菜	vegetables
shū shì de	舒适的	comfortable
shuāng bāo tāi	双胞胎	twins (twin-boys, twin-girls)
shuō	说	to speak, talk, say
shuǐ	水	water
shuǐ guǒ	水果	fruit

T

tā	他/她/它	he, him/she, her/it
tā men	他们/她们	they
tā men de	他们的/她们的	their, theirs
tā yǒu	它有	it has
tài tai	太太	Mrs., wife
tài	太	so, too
Tài guì le!	太贵了!	Too expensive!
Tài hǎo le!	太好了!	Great! Wonderful!
Tài bàng le!	太棒了!	So cool!
tán	谈	to talk, to discuss
tāng	汤	soup
táng	糖	sugar, candy
tǎng	躺	to lie down
tàng	烫	to burn
tāo	涛	wave
táo	逃	to flee
tǎo	讨	to beg
tào	套	set
táo zi	桃子	peach
tè bié	特别	specific, special, especially
tī	梯	stairway

tí	题	title
tǐ	体	body
tì	替	on behalf of
tǐ jiǎn	体检	physical exam
tián bǐng	甜饼	cookie(s)
tián diǎn xīn	甜点心	dessert(s)
tián hǎo	填好	fill out
tiáo	条	measure word for scarves, pants and ties
tīng	厅	hall
tíng	停	stop
tǐng	挺	quite
tóng shēng fān yì	同声翻译	simultaneous interpretation
tóu	头	head
tóu fa	头发	hair
tóu hūn	头昏	dizzy
tóu zī	投资	to invest in
tóu zī rén	投资人	investor(s)
tǔ dòu	土豆	potato
tuǐ	腿	leg(s)

W

wài, wài biān	外，外边	outside
wán	完	finish, end
wán chéng	完成	to complete
wǎn	碗	bowl
wǎn fàn	晚饭	dinner
wǎn shàng	晚上	evening, night
wēi	微	tiny
wēi xíng diàn nǎo	微型电脑	micro-computer

wéi	唯	only
wěi	伟	great
wèi	为	for
wèi	位	measure word for people, individual(s)
Wèi!	喂!	Hello! (It is used for phone calls only)
wéi jīn	围巾	scarf (scarves)
Wèi shén me?	为什么?	Why?
Wéi Tā Mìng	维他命	Vitamins
wèn	问	to ask
wèn hòu	问候	greetings, to greet, to say "Hello"
wǒ	我	I, me
wǒ de	我的	my, mine
wǒ men	我们	we, us
wū	乌	black
wú	无	none
wǔ	五	five
wù	雾	fog
wǔ fàn	午饭	lunch

X

xī	西	west
xī biān	西边	west side
xī gài	膝盖	knee(s)
xī guā	西瓜	water melon
xī hóng shì	西红柿	tomato
xī lán huā	西兰花	broccoli
xī wàng	希望	hope
xǐ	洗	to wash
xǐ shǒu jiān	洗手间	bathroom (washroom)

xǐ huān	喜欢	like
xiā	虾	shrimp
xià, xià biān	下, 下边	down, below
xià wǔ	下午	afternoon
xià gè (xià yí gè)	下个(下一个)	next (next one)
xià yǔ	下雨	to rain
xiān sheng	先生	Mr., sir, husband
xiàn zài	现在	now, current
xiǎng	想	to think, would like to (want)
xiǎng tù	想吐	nauseous
xiāng cǎo bīng qí lín	香草冰淇淋	vanilla ice cream
xiāng hù	相互	each other
xiāng jiāo	香蕉	banana
xiáng xì	详细	detail, detailed
xiāo shòu wǎng	销售网	sales network
xiǎo	小	small, little
xiǎo jiě	小姐	Miss, young lady
xiǎo lóng bāo	小笼包	small steamed bun(s)
xiě	写	to write
xiě de	写得	(the) way of one's writing
xiè xie	谢谢	thank you, thanks
xīn	新	new
Xīn Nián kuài lè！	新年快乐！	Happy New Year!
Xīn Jiā Pō	新加坡	Singapore
Xìn	信	letter (mail)
xìn yòng kǎ	信用卡	credit card
xíng dòng	行动	action
xīng qī	星期	week

Xīng qī yī	星期一	Monday
Xīng qī èr	星期二	Tuesday
Xīng qī sān	星期三	Wednesday
Xīng qī sì	星期四	Thursday
Xīng qī wǔ	星期五	Friday
Xīng qī liù	星期六	Saturday
Xīng qī tiān (rì)	星期天(日)	Sunday
xǔ duō	许多	many, a lot of
xū yào	需要	need
xuě bì	雪碧	Sprite
xué shēng	学生	student
xué xiào	学校	school

Y

yā	鸭	duck
yā ròu	鸭肉	duck meat
yá (yá chǐ)	牙(牙齿)	teeth (tooth)
yǎ	雅	elegancy, elegant
yà	压	to press, pressure
yǎn	演	to perform
yàn niào	验尿	urine test
yán sè	颜色	color(s)
yàn xuè	验血	blood test
yǎn jīng	眼睛	eyes
yán jiū	研究	to research, to study
yáng cōng	洋葱	onion
yáng ròu	羊肉	lamb
yāo (yāo bù)	腰 (腰部)	small of the back and waist area

yào	要	want, will
yào	药	medicine
yé ye	爷爷	paternal grandfather
yě	也	also, too
yī	一	one
yí biàn	一遍	one time
yī diǎn	一点	one O'clock (1:00)
yī diǎn dian	一点点	a little (some)
yī diǎn er	一点儿	a little (some)
yì céng	一层	one level
yí cùn	一寸	one inch
yí xià	一下	one time
Yì Dà Lì	意大利	Italy
Yì zhí zǒu	一直走	go straight
yī fu	衣服	clothes
yí ding	一定	definitely
yí gòng	一共	total
yí kè	一刻	a quarter (fifteen minutes)
yì qǐ	一起	together
yí qì hē chéng	一气呵成	to complete it with one breath (an idiom)
yī shēng	医生	doctor, physician
yí tào	一套	a set
yì yán wéi dìng	一言为定	an absolute promise (idiom)
yí yàng	一样	same
yǐ hòu	以后	after
yǐ qián	以前	before
yín háng	银行	bank
yīn yuè	音乐	music
yīn yuè jù	音乐剧	musical(s)

yín sè	银色	silver color
yǐn liào	饮料	beverage
yīng gāi	应该	should
Yīng guó	英国	England
Yīng guó rén	英国人	British
yǐng jí	影集	photo album
yòng	用	to use
yòng lái	用来	to use for
yǒu	有	to have, there is, there are
yǒu méi yǒu	有没有	have (or) have not, did (or) did not
yǒu xīn	有心	thoughtful
yǒu guān	有关	about
yóu jú	邮局	post office
yóu piào	邮票	stamp(s)
yòu, yòu bian	右，右边	right, right side
yú	鱼	fish
yǔ	语	language (spoken language)
yǔ fǎ	语法	grammar
yú piàn	鱼片	fish fillet
yú	与	with, and
yù mǐ	玉米	corn
Yuán	元	RMB (currency of China)
yuán	园	garden
yuǎn	远	far
yuè	月	month, moon
Yuè：	月：	Months (in a year):
Yī　yuè	一月	January
Èr　yuè	二月	February
Sān　yuè	三月	March

Sì yuè	四月	April
Wǔ yuè	五月	May
Liù yuè	六月	June
Qī yuè	七月	July
Bā yuè	八月	August
Jiǔ yuè	九月	September
Shí yuè	十月	October
Shí yī yuè	十一月	November
Shí èr yuè	十二月	December
yuē hǎo	约好	to confirm
yuē ding	约定	confirmation
yuē ge shí jiān	约个时间	to make an appointment

Z

zài	在	at, in, on
zài zhè lǐ	在这里	over here, in here
zài zhè er	在这儿	over here
zài nà lǐ	在那里	over there
zài nà er	在那儿	over there
Zài nǎ lǐ	在哪里?	Where?
Zài nǎ er	在哪儿?	Where?
Zài duì miàn	在对面	across (from here)
zài	再	again
zài jiàn	再见	good-bye
zāo	糟	too bad
zǎo	早	morning, early
zào	造	to make
zǎo fàn	早饭	breakfast
zǎo shàng	早上	morning

zěn me	怎么	how (to)
Zěn me yang?	怎么样？	How is it (going)?
Zī jīn	资金	fund(s)
zī liào	资料	information
zì	字	writing, characters' writing
zǐ sè	紫色	purple
zōng	棕	palm
zǒng	总	general
zòng	纵	vertical
zōng sè	棕色	brown
zǒng	总	general
zǒng jīng lǐ	总经理	general manager
zǒu	走	to walk, to go
zǒu ba	走吧!	Let's go!
zǒu lù	走路	to walk
zuǐ ba	嘴巴	mouth
zuǐ chún	嘴唇	lip(s)
zuì jìn	最近	lately, recently
zuō	作	to tease
zuó	琢	to ponder
zuǒ	左	left
zuǒ biān	左边	left side
zuǒ zhuǎn	左转	turn left
zuò	做	to do, to make
zuó tiān	昨天	yesterday
zuò zhě	作者	writer (the person of writing)
zhāng	张	piece, measure word for paper/sheet, table, bed
zhàng hào	帐号	account
zhǎo	找	to find, to search

zhē	遮	to cover
zhé	哲	philosophy
zhě	者	person
zhè	这	this
zhè lǐ	这里	here
zhè er	这儿	here
zhèi (zhè)	这	this
zhèi gè (zhè gè)	这个	this, this one
zhèi shì (zhè shì)	这是	this is
zhèi píng shuǐ	这瓶水	this bottle of water
zhèi yàng (zhè yàng)	这样	this way
zhēn	真	really, true
Zhēn de ?	真的？	Really?
zhěn	枕	pillow
zhèn	振	uplifting
zhēn hǎo chī	真好吃	really delicious
zhèng zài	正在	something is going on
zhī dào	知道	to know
zhǐ jia	指甲	nail(s)
zhí jiē	直接	directly
Zhōng guó	中国	China
Zhōng guó rén	中国人	Chinese (Chinese people)
Zhōng wén	中文	Chinese Language
zhōng wǔ	中午	noon
zhōng, zhōng jiān	中，中间	middle
Zhōng Yāng Gōng Yuán	中央公园	Central Park
zhōu mò	周末	weekend
Zhōu mò kuài lè !	周末快乐！	Have a nice weekend!
zhù jiě	注解	notes, explanation

zhū ròu	猪肉	pork
zhū pái	猪排	pork chop
zhǔ yào	主要	main, mainly
zhuǎn	转	to turn
zhuǎn shēn	转身	to turn around (one turns around)

71727371R00158

Made in the USA
Lexington, KY
23 November 2017